Docteur GÉLINEAU

ANCIEN CHIRURGIEN DE LA MARINE
CHEVALIER DE LA LÉGION D'HONNEUR

Souvenirs

de

l'Ile de la Réunion

PARIS
VIGOT FRÈRES, ÉDITEURS
23, PLACE DE L'ÉCOLE-DE-MÉDECINE, 23

1905

Souvenirs

de l'Ile de la Réunion

OUVRAGES DE L'AUTEUR

Des Névroses Spasmodiques . . . . 3 fr.
De la Kénophobie ou Peur du Vide . . . . . 3 fr.
De la Narcolepsie ou Maladie du Sommeil . . . 3 fr.
Traité de l'Angine de Poitrine (*Première mention honorable de l'Académie de Médecine. Prix Desportes*) . . . . 8 fr.
Maladies et hygiène des Gens nerveux . . . . 4 fr.
Les Peurs maladives ou Phobies . . . . 4 fr.
Hygiène de l'Oreille et des Sourds (*Prix Meynet de l'Académie de Médecine*) . . . . 3 fr. 50
Les Déséquilibrés des Jambes . . . . 3 fr.
Traité des Epilepsies (*Couronné par l'Académie de Médecine, 1901*) . . . . 15 fr.
Penseurs et Savants, leurs maladies, leur hygiène . . . . 4 fr.

Docteur GÉLINEAU

ANCIEN CHIRURGIEN DE LA MARINE
CHEVALIER DE LA LÉGION D'HONNEUR

Souvenirs

de

l'Ile de la Réunion

PARIS
VIGOT FRÈRES, ÉDITEURS
23, place de l'école-de-médecine, 23
—
1905

SOUVENIRS DE L'ILE DE LA RÉUNION

CHAPITRE PREMIER

DÉPART DE FRANCE, LE « PICARD », ROUMELOT,
LA TRAVERSÉE, ARRIVÉE A LA RÉUNION.

Nommé à Rochefort chirurgien de troisième classe au mois de juin 1850 à destination de l'île de la Réunion, je reçus l'ordre de m'embarquer à Bordeaux sur un trois-mâts de commerce, le *Picard*, qui allait partir de ce port. Arrivé à Bordeaux, j'allai rendre visite à mon capitaine, M. Paillières de Saint-Servan, un bon et excellent marin s'il en fut.

En apprenant que j'étais de Blaye et que j'y avais mes parents, M. Paillières, ne devant appareiller que deux jours après, m'engagea à aller passer ces deux jours auprès d'eux et à venir le rejoindre à Pauillac où il m'attendrait, ce qui me fit un plaisir inouï ; mon absence devant durer au moins trois ans, j'étais bien heureux de pouvoir embrasser mes parents et mes amis.

Trois jours après j'étais à bord du *Picard* ; le capitaine me donna une cabine spacieuse et commode, voisine de celle d'un autre passager, unique en son genre, que je demande la permission de présenter à mes lecteurs.

M. Roumelot était un jeune homme d'un blond roux, de taille moyenne, dont le teint était animé, enluminé et parsemé, je ne dirai point, embelli, de nombreux boutons d'acné rosacea ; de gros yeux bleus lui sortaient de la tête ; quelques poils fauves clairsemés ornaient ou plutôt essayaient de cacher sa lèvre supérieure épaisse et charnue, tandis qu'une mouche plus fournie s'adossait à la lèvre inférieure et descendait au-dessous du menton. Son occupation favorite ou plutôt machinale était de la caresser et de la bistourner sans cesse par un geste familier à tous ceux qui sont embarrassés pour parler à un interlocuteur.

L'instruction de mon compagnon de voyage n'était ni étendue, ni profonde ; Roumelot n'avait fréquenté que l'école de son village situé dans l'arrondissement de Château-Thierry ; il savait ses quatre règles, son catéchisme, un peu d'histoire et de géographie et c'était tout ! Ayant vécu au fond de sa campagne et n'ayant jamais visité d'autre ville que Château-Thierry, il ignorait complètement les usages du monde et la plupart des choses extérieures. Aussi la conscience de son infériorité en tout ce qui ne concernait pas les bêtes à cornes, les moutons et les veaux, la culture des céréales et de la vigne, le rendait-elle gauche, timide et craintif, surtout sur ce terrain mobile, le pont d'un navire qu'il ne connaissait que par ouï-dire. Il avait bien, il est vrai, entendu parler vaguement du mal de mer, mais quoiqu'il ne fût pas pressé de faire connaissance avec lui, il en fut cruellement éprouvé pendant les trois ou quatre premiers jours.

Fier d'être épargné par ces terribles souffrances et d'avoir à soigner ce premier malade, j'allais cinq ou six fois par jour prodiguer du thé laudanisé ou de l'eau de mélisse des carmes avec mes consolations morales à mon voisin désolé de rendre de cette façon tout ce qu'il prenait et même ce qu'il n'avait pas pris. Restituer le bien d'autrui a toujours été une rude affaire, à plus forte raison son bien propre ; aussi se croyait-il perdu, disant à chaque soulèvement d'estomac, d'un air étonné et consterné : « Encore... mon Dieu ! encore ! »

Mais le septième ou le huitième jour, Roumelot avait repris, comme il le disait, le poil de sa bête, et un peu pâli, la figure moins bourgeonnante par la diète forcée et bien involontaire à laquelle il avait été soumis, il put monter sur la dunette, s'aguerrir peu à peu à cette existence nouvelle de marin *in partibus* et faire la connaissance des habitants du navire avec lesquels il allait vivre pendant la traversée.

A tout seigneur, tout honneur ! Parlons d'abord du capitaine Paillières ; c'était un franc marin, un vieux loup de mer ! Il y avait passé son existence presque tout entière. Issu d'une famille modeste de marins terre-neuviens, il avait, comme presque tous les enfants pauvres de Saint-Malo et de Saint-Servan, commencé par être mousse ; puis ayant grandi, il avait fait son temps de service à la mer, dans la flotte, avait pris quelques leçons de mathématiques de ses quartiers-maîtres et d'un chef de timonnerie et enfin avait amassé quelques économies en naviguant à la morue et à la part ; alors il était resté à terre huit mois, le plus longtemps qu'il y ait séjourné de sa vie, pour y suivre le cours d'hydrographie et s'était ainsi fait recevoir capitaine au long cours.

Le grand pas était franchi; il était pris comme lieutenant chez un armateur de longs courriers, puis comme second pendant deux ou trois ans, au bout desquels son capitaine, désireux de se reposer, lui avait laissé sa place.

D'autre part, son armateur enchanté de lui, de sa probité et de son entente du métier plus difficile qu'on ne croit, de capitaine au long cours, fit construire, exprès pour lui, un superbe trois-mâts nommé le *Picard* de quatre cents tonneaux, à bord duquel M. Paillières, maître à son bord après Dieu, comme il le disait, espérait bien faire longtemps campagne et réussir dans ses entreprises, car à cette époque où les lettres et les ordres mettaient quatre à cinq mois pour se rendre aux Indes et où la télégraphie, même avec fils, n'existait pas, un capitaine de navire à voiles était dans l'Inde, négociant, chargeur et spéculateur en même temps que marin et en dirigeait toutes les opérations sous sa responsabilité. Aussi M. Paillières était-il aussi heureux de diriger son beau navire qu'un colonel de cavalerie de commander un régiment de hussards ! Et avec cela, un marin fini, d'un coup d'œil prompt et sûr, connaissant admirablement les latitudes où il naviguait, les courants qui les sillonnaient, les parages où il trouverait les vents favorables, sachant diriger ses hommes à merveille, enfin ne dédaignant pas au besoin, quand la manœuvre n'allait pas assez vite, de mettre les deux mains aux cordages. Or, chacune de ces mains, large comme une épaule de mouton, en valait bien quatre ordinaires.

Chargé de famille, car à chaque retour de voyage, il avait à cœur de l'augmenter religieusement pour réparer le temps perdu, il entendait que tous ses enfants fissent comme lui, leur chemin sur l'Océan, et il avait pris, à ce dernier voyage, un de ses fils, Jean-Marie, comme pilotin à bord du *Picard*.

Rien de plus touchant à voir que cette figure, brunie par le hâle de la mer, aux traits heurtés, sillonnée de rides accentuées par l'habitude du commandement, s'adoucir tout à coup en regardant son fils avec tendresse quand, à la fin du repas du dimanche, il choquait son verre contre le sien en lui disant, avec une douceur infinie, qui contrastait si fort avec sa voix ordinaire mâle et rude quand il commandait la manœuvre sur le pont : « A ta bonne mère, Jean-Marie ! A notre vieille !... » Mais il ne faut pas s'en étonner, les marins ayant toujours au fond du cœur un grain de poésie et de tendresse mélancolique !...

Quand j'aurai cité les noms du second capitaine, M. Raux, et du quartier-maître Laubin, assez âgé et affligé d'une sciatique chronique survenue et conservée à la suite de paquets de mer glacés reçus en manière de douches intempestives dans la navigation de Terre-Neuve, on connaîtra, en dehors de l'équipage, tous les personnages du carré.

En sortant de la rivière de Bordeaux, des vents contraires du sud-ouest, s'opposèrent à notre marche et nous restâmes huit grands jours avant de doubler le cap Finistère : aussi le capitaine laissait-il percer sa mauvaise humeur : mais ce cap une fois franchi, le *Picard* se mit à dévorer l'espace et à marcher comme jamais navire à voiles ne marcha ! Il était superbe à voir dans ses allures, ce navire, et M. Paillières, tout à fait rasséréné, nous offrait des repas dignes de Gargantua !

Jamais je ne m'étais trouvé à pareilles agapes, moi qui, étant étudiant, dépensais 25 francs par mois pour mes repas chez l'illustre Basset, l'empoisonneur patenté de Rochefort, et quant à Roumelot, il mangeait comme un ogre, bien décidé à s'en donner pour son argent. Aussi, certain soir que les libations du champagne avaient passablement stimulé son cerveau, nous fit-il, sur la dunette, après le dîner, ses confidences et nous expliqua-t-il comment lui, terrien né natif, comme il le disait, d'une petite commune de l'arrondissement de Château-Thierry, s'était décidé à faire un voyage aux Grandes Indes, ce qu'aucun de ses compatriotes n'avait osé faire jusque-là.

« Ayant reçu, dit-il, à l'école primaire, à la fin de l'année, le volume de *Paul et Virginie* de Bernardin de Saint-Pierre, comme livre de prix, cet ouvrage devint ma lecture favorite et décida de mon sort. J'en fis, nuit et jour, mon compagnon et finis par le savoir par cœur, mais n'importe ; amoureux au possible de tous ces personnages si admirablement représentés, épris au même degré de cette nature si féconde et si merveilleusement fleurie de l'Ile de France et de la Réunion, j'avais pris en dégoût notre froide et aride Champagne, ainsi que ses habitants et ne songeais plus qu'à aller passer ma vie sous les tropiques, à la recherche d'un bon nègre comme Dominique et d'une nouvelle Virginie à laquelle je serais si heureux de m'unir !

« Des circonstances pénibles, la disparition successive en peu de temps de mon père et de ma mère enlevés avant l'âge me rendirent la libre disposition de mon bien, me permirent de suivre mon désir et d'abandonner le sol natal pour mon pays de prédilection. J'étais majeur ; je vendis mes terres et mes vignes ; venu à Paris, j'échangeai mes billets et mon argent pour de l'or. Je mis dans une malle solide achetée chez un fripier, des chaussures, du linge, un vêtement de rechange et ayant lu dans les journaux que le *Picard* allait partir de Bordeaux pour toucher ensuite à Maurice et de là, aller à la Réunion, j'arrêtai mon passage et me voilà, décidé à tenter la fortune dans ce pays lointain ! »

— Mais, avez-vous du moins, dit le capitaine, quelque ami à Saint-Denis, quelque connaissance, une lettre de recommandation pour un officier, un négociant, un planteur ou un propriétaire pouvant vous recueillir et vous guider les premiers jours?

— Moi ?... non !.. Je n'ai aucune attache à Maurice, ni à Bourbon, et pas la plus petite lettre de recommandation. Mais, j'ai foi dans la Providence qui n'abandonne pas ceux qui ont confiance en elle et je me repose sur sa sollicitude pour assurer là-bas mon existence !

— Hum ! reprit le capitaine. Cette confiance vous honore, mais je crois que le moindre appui ferait bien mieux votre affaire. »

Ce que Roumelot ne nous disait pas, et ce qui lui donnait confiance et courage, c'est qu'il avait une forte somme en or résultant de la vente de ses biens, renfermée dans sa malle monumentale en bois de chêne, bardée de fer en-dessus, en-dessous et sur les côtés et à double serrure dont il portait toujours les clefs pendues à son cou.

Cette malle, ou plutôt ce coffre, devait remonter au xiv° ou xv° siècle et servait sans doute à cette époque à renfermer le trésor de quelque seigneur féodal, sa vaisselle et ses bijoux, car on l'aurait plutôt brisé que forcé, défendu qu'il était par ses armatures en fer. Son poids était énorme et il avait fallu la moitié des hommes de l'équipage du *Picard* pour le hisser à bord. De temps en temps, Roumelot se renfermait dans sa cabine et la cloison en planches qui nous séparait était si mince que j'entendais le cric-crac de la double serrure; il passait sans doute son temps, quand il l'ouvrait, à contempler son trésor, à compter et recompter ses pièces d'or et c'était bien sur cette puissance magique de l'or, souveraine en tous pays, qu'il fondait son espoir tout autant que sur la Providence si souvent sourde à nos prières, pour trouver l'idéal de ses rêves, une nouvelle Virginie dont il serait le Paul bien-aimé.

Et vraiment il avait besoin, le pauvre garçon, de cette auréole dorée, car il n'avait rien de ce qui peut séduire une femme et entre l'Apollon du Belvédère et ce Champenois rustique, rougeaud et pataud au teint bourgeonnant, il n'existait vraiment aucune ressemblance.

Voilà la réflexion que je me faisais; mais j'avais tort et le vieux proverbe disant : « qu'il n'est vilain fagot qui ne trouve sa riorte! » c'est-à-dire un lien qui en réunit les branche éparses, devait être vrai une fois de plus.

Nous restâmes encore quelques jours contrariés par les mauvais vents avant de pouvoir doubler, le cap Saint-Vincent; mais aussitôt que nous l'eûmes dépassé, ils se montrèrent plus favorables et le *Picard* prit dès lors jusqu'à Maurice, une allure prodigieusement accélérée. Le capitaine Paillières jubilait et chaque jour après avoir fait son point à midi se frottait les mains en calculant la route faite depuis la veille. Il était émerveillé de la célérité de son beau clipper neuf et de ses enjambées quotidiennes extraordinaires.

On dit généralement que la ligne droite est le plus court chemin d'un point à un autre. Cela est exact pour les navires à vapeur, mais est loin de l'être pour les bateaux à voiles obligés d'aller chercher les régions où soufflent et règnent ordinairement certains vents : cette question a été l'objet de recherches nombreuses et suivies des capitaines anglais et américains, fidèles adeptes du proverbe « *times is money!* » C'est ainsi que pour arriver au cap de Bonne-Espérance, le *Picard* se dirigea vers la côte orientale du Brésil où des vents du nord-ouest le conduisirent du côté du Cap. Telle est la route généralement suivie par les capitaines allant aux Indes Orientales afin d'éviter les calmes plats si fréquents aux approches de la ligne.

Presque tous les navires à voiles se rendant au

Cap, aux Indes ou en Chine suivent le même chemin et nous en rencontrions souvent faisant la même route. Aussi, quand la vigie placée en faction au grand mât nous annonçait une voile en vue à l'horizon, M. Paillières ordonnait-il de couvrir le *Picard* de plus de toiles encore, de manière à faire incliner ses mâts en nous disant tout haut : « En voilà encore un feignant qu'il s'agit de rattraper ! » aussi le *Picard*, bondissant dans l'espace comme un pur-sang généreux sous l'impulsion de la cravache et de l'éperon, partait-il comme une flèche en faisant craquer de toutes parts sa mâture. Et le visage du capitaine rayonnait-il de joie et d'orgueil en voyant cette allure désordonnée qui rattrapait bientôt le navire inconnu. Alors on hissait le pavillon français, on affectait de carguer bruyamment les voiles de manière à marcher un instant bord à bord, le temps d'échanger quelques paroles, de savoir le nom du navire, sa destination, son genre de cargaison et cela fait, M. Paillières ne manquait jamais de dire à son collègue, mais d'un ton railleur, impossible à rendre : « Excusez-moi, je vous prie, je suis un peu pressé: je donnerai de vos bonnes nouvelles là-bas. » Puis il rehissait ses voiles et reprenait à nouveau son élan.

Ah ! le bon clipper et le brave capitaine !... Comme au beau temps des corsaires, il aurait amené de belles prises, et fait du mal aux Anglais, qu'il n'aimait guère du reste. C'était plaisir de vivre à ses côtés et de l'entendre dépeindre ses campagnes. Roumelot et moi, nous l'écoutions avec un bonheur trop grand, raconter ses voyages lointains ! — Je venais de passer des examens qui avaient duré près d'un mois, j'étais saturé de médecine et de veilles, j'avais surmené ma mémoire et mon cœur, fatigué par les veilles et les émotions du concours, avait des embardées que j'avais cherché à maîtriser et régulariser avec de la digitale, mais au bout de quinze jours de repos et de cette agréable navigation, je pus dire bonsoir aux médicaments, j'étais guéri !

Chaque jour nous jouissions, du reste, des mille distractions qu'avec un peu d'ingéniosité, on se crée à bord ; ainsi, nous pêchions des bonites, un assez gros poisson, ressemblant au thon, nous pêchions également des damiers, un oiseau de mer qui suit les navires aussitôt qu'ils arrivent dans les régions intertropicales et qui se nourrit des débris de la nourriture de l'équipage jetés par dessus bord. Cet oiseau est ainsi appelé par les matelots parce que le plumage de son dos et de ses ailes forme des carrés alternativement blancs et noirs. Très vorace, sans méfiance, il se jette sur l'hameçon ou l'épingle munie d'un petit morceau de lard et l'avale gloutonnement. Le pêcheur n'a alors qu'à donner à sa ligne un coup sec en la tirant brusquement et voilà notre oiseau accroché, on le hâle à bord et après l'avoir décroché, on le laisse sur le pont du navire où la faiblesse de ses pattes le condamne à rester à plat ventre jusqu'à ce qu'on le jette en l'air pour lui rendre sa liberté, ce qu'on a de mieux à faire, car le damier n'est pas bon à manger et son corps exhale une odeur désagréable.

D'autres fois, nous faisions la rencontre d'une troupe de marsouins voyageant gaiement en folâtrant en compagnie. Du plus loin qu'à l'horizon ils apercevaient le *Picard*, ils accouraient en bondissant auprès de lui, le prenant sans doute pour un des leurs, afin de lutter de vitesse avec lui. Ils étaient bientôt dans nos eaux et on les voyait aussitôt faire des sauts de carpe et jouer aux barres dans les flots blancs d'écume que faisait jaillir l'avant élancé de notre clipper. Pauvres bêtes qui, venant lutiner auprès de l'homme, croient trouver en lui des amis, et qui, presque toujours, n'y rencontrent que des meurtriers!

Voici comment on procède à la pêche des marsouins. Le plus leste, le plus intrépide et le mieux découplé des matelots se place à l'avant du bateau, sur un cordage qui relie le mât de beaupré au navire; il a, dans sa main droite, un harpon qui se termine en pointe aiguë à son extrémité inférieure; à l'autre extrémité est attachée une corde solide se réfléchissant sur une poulie haut placée dont plusieurs matelots tiennent une extrémité, prêts à la hisser au signal donné.

Le harponneur choisit le moment où un marsouin passe en jouant sous ses pieds et il lui lance alors le harpon dans le dos. En pénétrant dans les chairs, la pointe de ce dernier se déclanche et devenant alors transversale permet aux matelots du pont de tirer vivement l'animal qui se débat vainement dans les airs, puis est amené sur le pont. Là un des hommes lui fait une incision sur le côté par où s'écoule du sang chaud qu'on recueille dans un bol et que les matelots boivent à tour de rôle, prétendant que c'est le meilleur moyen de guérir le scorbut et aussi de le prévenir.

Le capitaine ne manquait jamais, quand on tuait un marsouin, de se réserver le filet pour sa table. En le faisant mariner jusqu'au lendemain matin, on nous le servait au déjeuner. Le marsouin est, en effet, un mammifère et comme tel, il a la chair rouge comme le bœuf, mais malgré les échalottes semées à profusion par le cuisinier, malgré le sel, le poivre, le vinaigre et la moutarde, cette chair sentait encore le poisson et ne ressemblait que de loin à la fameuse entrecôte bordelaise qu'on adore à Bordeaux et dans beaucoup d'autres lieux !

Malgré l'existence de Sybarite et la vie de Cocagne que nous menions à bord, les instincts du chirurgien, un moment endormis, se réveillèrent à la vue de ce marsouin amené sur le pont. Mes scalpels dormaient depuis trop de temps dans leur boîte, aussi m'amusai-je à disséquer le second marsouin que nous pêchâmes. Roumelot me servait d'aide et ses doigts, d'érigne. Cette autopsie me démontra que le marsouin, comme d'autres mammifères à sang chaud, pouvait devenir phtisique, car les poumons de celui que je scalpai, étaient farcis de tubercules. Je ne sais si d'autres médecins ont constaté l'existence de la tuberculose chez cet animal et je regrette vivement de n'avoir pas communiqué ce fait intéressant à l'Académie des sciences ou de médecine. Cela m'eût assurément valu des félicitations pour ma découverte ; mais quand on est jeune et surtout, de mon temps où on n'était guère ambitieux et où on croyait avoir passé avec la vie un bail indéfini, on ne songeait pas à la science pure. Je gardai pour moi la découverte originale que le hasard m'avait permis de recueillir. Il serait cependant intéressant de rechercher, avec l'aide des chirurgiens qui accompagnent les navires baleiniers, si le cachalot et la baleine sont eux aussi victimes de la tuberculose?

Dans l'occurrence, je me contentai d'en avertir mon capitaine et lui conseillai de s'abstenir de manger du marsouin malade par mesure de précaution contre la contagion.

Cette pauvre bête était précisément une femelle qui nourrissait et ses mamelles étaient pleines de lait. Aussi me fis-je à son égard maintes questions ! Comment pouvait-elle allaiter son ou ses deux petits?... Il est probable que dans leur jeune âge ces derniers n'ont point les dents fines et aiguës qui ornent plus tard leurs mâchoires et que pour les allaiter, la mère se renverse sur le dos car dans la position inverse, quoique naturelle, l'allaitement serait impossible !

Pauvre marsouine ! Que sera devenue sa progéniture ? Ces petits cétacés étaient-ils assez grands pour se tirer d'affaire et vivre de poissons ou de crustacés ? Ont-ils été adoptés et éduqués par leurs autres parents? C'est une hypothèse plausible, car ce genre d'animaux est très sociable, aime à vivre en compagnie et il ne serait pas impossible qu'ils s'entr'aidassent entre eux.

Formant de petits phalanstères, s'aimant et prenant ensemble leurs ébats en se lutinant dans les flots, je suis très porté à croire qu'il doit en être ainsi et qu'ils doivent s'assister mutuellement, les gens gais étant presque toujours très bons. Mais l'homme, au lieu de se plaire à les voir cabrioler les uns par-dessus les autres est jaloux de leur bonheur et prend un plaisir barbare à les harponner. Alors le pauvre marsouin proteste contre tant de cruauté et pensant sans doute que jeux de mains sont jeux de vilains, il s'enfuit au plus vite aussitôt qu'une goutte de sang tache les eaux bleues de l'océan ! Ah ! si les bêtes constamment immolées par la main de l'homme pouvaient parler, comme elles auraient beau jeu de nous reprocher nos cruautés inutiles ! Combien de fois, en effet, immolons-nous des victimes pour le vain plaisir de les tuer sans que leur mort soit légitimée par la nécessité de nous défendre ou de nous nourrir ?

J'ai dit plus haut que les capitaines de navires à voiles partant d'Europe avaient reconnu la nécessité pour trouver des vents favorables de s'approcher du Brésil au voisinage duquel ils vont couper la ligne dans l'espoir de trouver des vents favorables, au lieu des calmes plats qui règnent sur la côte du Sénégal par où l'on passait jadis. On cite, en effet, des navires qui y sont restés dix, quinze et trente jours dans les mêmes parages, immobiles, n'ayant pas un souffle d'air pour gonfler leurs voiles qui retombent languissamment le long des mâts. Pas de courants non plus pour entraîner le navire ; un bouchon jeté le long du bord ne bouge pas du tout ; joignez à cela une chaleur accablante, des orages terribles, un ciel enflammé rendant intolérable le séjour sur le pont ; celui dans les cabines ou au carré où l'on respire un air goudronné, chargé de relents chauds et humides à la fois n'est pas moins pénible et la hideuse blatte ou cancrelat en volant par centaines autour de vous et dans vos aliments vous dégoûte et vous exaspère. Aussi les marins se servent-ils, pour caractériser ces parages qu'ils ont en exécration, d'un mot très expressif ; ils l'appellent le *pot au noir* ! et il est certain que pris par des calmes plats, on a le temps d'en broyer tout à son aise en maugréant et en pestant contre l'immobilité qui est la conséquence habituelle de cette triste région !

A cette époque régnait dans la marine de commerce une vieille croyance recommandant au capitaine de siffler pour faire venir le vent pendant les calmes plats et de fouetter le mousse s'il commettait quelque méfait. Arrêté deux ou trois jours dans la marche rapide de son *Picard*, le capitaine eut recours à ce double moyen et les fesses de notre mousse, malin comme un singe du reste et assez souvent en faute, se ressentirent de sa mauvaise humeur.

Et comme je le raillais, doucement par exemple, de croire à l'influence de semblables expédients : « Que voulez-vous, me dit-il, mon cher Docteur, ce sont là de vieilles légendes en usage chez nous ! Je vous accorde qu'elles ne doivent pas avoir la vertu qu'on leur attribue ; mais c'est plus fort que moi ! Je bouts d'impatience quand je ne sens pas mon navire bondir sous mes pieds, je suis alors comme un diable enchaîné et je fais ce qu'ont fait nos pères. Cela nous a, du reste, porté bonheur, vous le voyez, car les voiles du *Picard* s'arrondissent et demain nous serons sortis du Pot au noir ! »

Le jour où notre navire passa la ligne fut pour l'équipage un jour de bombance et de festins qui fut célébré dignement par les fêtes accoutumées du baptême ; mais les petits services que j'avais rendus déjà aux matelots me valurent, de leur part, un baptême à l'eau de rose tandis que Roumelot, qui ne se doutait de rien, eut la surprise désagréable d'être douché d'importance dans le baquet où traîtreusement il fut plongé et vigoureusement savonné. Après quoi, on lui fit jurer de ne jamais faire la cour à la femme d'un matelot, ce qu'il promit solennellement en pensant à l'heureuse Virginie qui l'attendait à la Réunion et à qui il réservait ses sourires et ses faveurs !

Il y avait aussi à bord un autre étranger, un muletier du Poitou chargé de soigner pendant la traversée les trente ou quarante mules que le *Picard* conduisait à Saint-Denis. Les mules ou mulets supportent, en effet, bien mieux que les chevaux, le climat des colonies et on s'en sert de préférence à ces derniers. Ce *Rusticus* étant le sujet des plaisanteries continuelles des matelots et n'ayant peut-être jamais pris un bain de sa vie, fut, ce jour-là, d'importance étrillé et savonné de main de maître quoiqu'il se défendît ferme contre la meute acharnée après lui et bien qu'il s'égosillât à dire « qu'il avait passé la ligne.... du chemin de fer d'Orléans à Niort », mais l'équipage était heureux de passer sa belle humeur sur ce souffre-douleur d'un jour !

Pendant les calmes du pot au noir, nous capturâmes aussi deux requins suivant le *Picard* pour ramasser les débris de toute sorte que le cuisinier et les matelots jettent à la mer. Le requin n'est point un poisson qui nage vite et si le navire file au delà de 6 nœuds, il renonce, malgré sa faim continuelle, à l'accompagner. Quand il suit le sillage du navire, on le reconnaît aisément parce qu'il se tient à fleur d'eau et que ses ailerons, émergeant de la surface de la mer, trahissent sa présence. Son avidité rend sa capture très facile.

On coiffe un hameçon très fort et de bon acier d'un morceau de lard et une corde solide est soutenue sur l'eau par une planchette de bois pour aider à le faire flotter. Cette corde à son autre extrémité, passe sur une poulie de renvoi fixée à une certaine hauteur au mât de l'avant, et est ramenée sur le pont à la disposition de l'équipage ; tout cela préparé, on jette l'hameçon à la mer. Maître requin, voulant profiter de cette belle proie qu'il a flairée au loin et dont il ne goûte pas souvent, se renverse sur le dos pour la happer plus commodément. La mâchoire supérieure du requin étant plus proéminente que l'inférieure, il est obligé, pour avoir sa gueule béante largement, de se renverser pour saisir sa proie, et quand il l'a avalée gloutonnement un coup sec imprimé à la corde cramponne le fer dans la mâchoire et alors les matelots, ne se tenant pas de joie, halent leur ennemi à bord malgré ses bonds et ses secousses et le laissent retomber sur le pont. Là, il est attendu par le charpentier, la hache à la main ;

d'un coup de son instrument, il tranche aussitôt la queue du squale afin de le mettre hors d'état de nuire, car on a vu cet animal briser avec elle la jambe d'un homme.

Quand le requin en est privé, il ne peut plus faire de mal, mais il ne faudrait pas cependant introduire, alors même que cet animal est mort, la main ou un membre quelconque dans sa gueule armée d'une infinité de dents triangulaires d'un blanc d'émail, ce membre serait coupé net aussi bien que par un couteau à amputation.

Le requin est l'animal le plus antipathique au marin parce qu'il se figure qu'il ne vit que de la chair des matelots tombés à la mer ou décédés à bord. Or si ce vorace animal ne se nourrissait que de ce genre de mets, il est tellement rare qu'il mourrait certainement d'inanition. En réalité, d'après la conformation de sa gueule, et la lenteur de sa marche, il ne peut même pas attraper et saisir les poissons vivants ; ils lui échappent facilement, et il ne vit que des débris de nourriture jetés du navire à la mer. Du reste, tout lui est bon et dans l'estomac d'un de ces animaux, j'ai trouvé un assemblage des choses les plus bizarres, une casquette, un gros soulier ferré, une vareuse, des débris de fromage, de carottes et de croûtes de pain.

A signaler aussi une particularité qu'on n'observe point chez d'autres poissons que ceux de la famille des squales (poissons cartilagineux), c'est la persistance des battements du cœur complètement détaché de l'animal et mis dans une assiette. J'ai vu le cœur d'un requin y battre pendant vingt-quatre heures et ce n'est qu'au bout de ce temps-là que s'affaiblissant peu à peu, ils se sont complètement éteints ; c'est à la longue persistance des réflexes qu'est due la contraction spasmodique des mâchoires sentant un obstacle interposé, alors même que l'animal semble être mort.

La chair du requin est d'un goût huileux désagréable ; on dit cependant que les Chinois regardent ses ailerons comme un mets exquis. Chacun son goût, mais c'est un plat que dédaigneront toujours les Européens.

Jamais un requin n'est pris à bord sans recevoir mille et une invectives de ses ennemis nés, les matelots qui, à l'envi les uns des autres, le torturent de toutes les façons horribles tout en l'apostrophant de la façon la plus singulière. « Eh bien feignant, fort en gueule, tu n'en mangeras donc plus de nos matelots, te voilà au pendail, etc., etc. ! Ils ont à son adresse tout un vocabulaire de choix, qu'ils épuisent avant de lui trancher la tête. La prise d'un requin est en définitive à bord un véritable jour de fête, car on double, ce jour-là, leur ration de vin.

J'ai trouvé, aux approches du cap de Bonne-Espérance, la mer beaucoup moins impétueuse que je ne me l'étais imaginé et que ne l'a dépeinte le Camoëns dans *La Lusiade* et ces parages sont égayés par une autre distraction, la vue et la capture des albatros, les oiseaux géants du cap Horn et du cap que nous venons de citer.

Leur capture se fait très facilement. Comme pour le requin, on dispose comme amorce un morceau de lard sur un hameçon bien affilé, et soutenu par une planchette, et le pauvre albatros, fasciné à sa vue et poussé par la faim, le saisit gloutonnement avec son bec recourbé en cherchant à l'avaler. Mais l'hameçon s'arrête à l'isthme du gosier ou dans les cartilages au-dessus, et y reste fixé ; ce que voyant, les matelots se mettent à trois ou à quatre pour l'amener à bord. Ce n'est pas sans peine du reste qu'ils y parviennent parce que le pauvre oiseau, récalcitrant à juste titre, s'arcboute d'une part en se renversant en arrière et en faisant obstacle aux flots avec ses larges pattes étalées et palmées et que, d'autre part, il étale ses immenses ailes qui baignent dans l'eau, en sorte qu'avant d'arriver à bord, il produit un tirage énorme.

De même que le damier, dont j'ai parlé tout à l'heure, l'albatros déposé sur le pont et laissé en liberté est trop faible sur ses pattes pour pouvoir se soulever et même lorsqu'il repose sur l'eau, ce qui lui arrive rarement, et qu'il veut reprendre son essor, ses ailes déployées ne suffisent pas pour y parvenir ; il faut qu'il frappe avec elles et ses pattes en guise d'aviron la surface des flots et qu'il s'élève à une certaine hauteur pour pouvoir reprendre son vol majestueux.

Rien de plus beau, du reste, que ce vol de l'albatros, croisant, la nuit comme le jour, sans cesse de long en large derrière le sillage du navire, pour saisir sur la crête des flots, les débris de nourriture des matelots et suspendant bien rarement son vol solennel au point qu'on se demande si ces oiseaux dorment ou se reposent jamais !

On trouve également, aux alentours du cap,

l'oiseau dont le vol est le plus rapide et le plus soutenu, je veux parler de la frégate, moins forte comme grosseur que l'albatros, mais dont les ailes ont plus d'énergie comparativement au volume de son corps.

Taillée sur le même gabarit que notre martinet de France, d'un noir de jais comme lui, c'est un magnifique spectacle que celui de la frégate traversant avec une rapidité inouïe tout l'espace, planant comme l'hirondelle au haut des airs et atteignant en un clin d'œil les limites de l'horizon sans faire un mouvement, un battement d'ailes, un effort perceptible. Je le répète à dessein, c'est aussi merveilleux qu'incompréhensible.

Du reste tout l'atmosphère du voisinage de ces deux caps revêt un aspect solennel, grandiose, infini ! — C'est le pays de l'immensité, l'horizon y est sans limite et tout à fait saisissant ; les lames déferlent et se succèdent tour à tour, ici s'avançant avec un bruit sourd, hautes comme des montagnes prêtes à engloutir ce frêle amas de planches, de cordes, d'étoupe et de goudron maintenus par des clous ou des chevilles, qu'on appelle un navire ; là, creusant des abîmes effrayants sans fonds, incommensurables !...

Ce qui ajoute encore à l'effroi et à la majesté de ces solitudes infinies, c'est leur teinte gris-de-fer uniformément répandue dans l'atmosphère qui fait songer à l'Erèbe des anciens. La mer n'a plus cette couleur bleue, transparente des bords de l'Océan ou de la Méditerranée ; elle est d'un brun livide se confondant à l'horizon avec la teinte foncée du ciel. C'est que le soleil vient rarement éclaircir cette lugubre immensité et son absence vient encore ajouter à l'impression de terreur et d'effroi qu'on éprouve la première fois qu'on pénètre dans ces sombres parages.

Et quand on sent une petite barque craquer de toutes parts sous vos pieds de par la violence des lames, se plaindre et gémir comme si elle redoutait leur fureur ou comme si elle avait une âme, comment ne pas être terrifié par la fragilité de ce frêle abri ! Comment, descendu au fond de cet abîme, ne pas s'effrayer en se voyant de tous côtés dominé, menacé, par ces montagnes liquides, comment ne pas se demander : « remonterai-je tout là-haut ou ne serai-je pas submergé bien avant ? »

Dans cette lutte de tous les instants contre les mille dangers qui le menacent sous lui, au-dessus de lui, autour de lui, l'homme a réellement le droit d'être fier de son génie, de son audace, de son courage, qui lui ont permis d'engager la lutte avec tant d'éléments conjurés à sa perte et d'en sortir vainqueur. Quel cœur d'airain, quelle cuirasse de fer autour de sa poitrine n'a-t-il pas fallu, comme le dit Horace, au premier navigateur qui, sans boussole et sur une barque bien plus légère et moins solide que le *Picard*, s'en est allé à l'aventure et ne sachant pas si son frêle navire n'irait pas le lendemain se briser sur un écueil ignoré dans des mers furieuses ; mais le désir de l'inconnu, la soif de l'or, l'appât du commerce, l'aiguillon de la curiosité l'ont rendu inaccessible à la crainte et ce sont encore aujourd'hui ces mêmes mobiles qui de notre temps, font surgir de tous côtés ces expéditions au pôle nord et au pôle sud sans que les ossements des explorateurs qui les ont précédés, épars sur leur route, les découragent et les arrêtent dans leurs recherches aventureuses !

Après avoir passé le cap, nous traversâmes le canal de Mozambique entre la côte d'Afrique et la pointe sud de Madagascar, parages sujets aux cyclones. Le capitaine Paillières, qui les connaissait, nous en fit la description. « Ils sont, nous dit-il, essentiellement formés par des tourbillons embrassant un espace immense de cinquante à cent lieues de diamètre. La violence du vent à la circonférence, est telle qu'il soulève la mer sous forme de trombes s'élevant en colonnes jusque dans les nuages et que tout ce qui se trouve sur leur passage est balayé et disparaît, tandis que le milieu du cyclone jouit du plus grand calme.

Le cyclone apparaît souvent à l'horizon sous la forme d'un nuage d'apparence bénigne, d'une couleur gris-de-fer et quand on n'est pas habitué à pressentir les menaces qu'il comporte dans ses flancs, on ne soupçonnerait jamais le danger que va courir le navire si la chute rapide de la colonne de mercure du baromètre n'indiquait pas un danger pressant.

Tout d'abord, s'élève une brise légère, caressant à peine la surface de la mer, mais le coup d'œil exercé du capitaine ne s'y trompe point et dès ce moment il prend les précautions nécessaires ; alors qu'il en est temps encore, il fait carguer les voiles, ne garde que le grand hunier, fait attacher l'homme de barre au gouvernail, fermer les hublots, les écoutilles, les panneaux et les sabords. On a à peine terminé, qu'à l'horizon se soulève une lame énorme qui, avec la rapidité de la foudre, vient se briser sur le bateau. A celle-là en succède une seconde plus forte, et c'est dès lors une succession de paquets de mer qui déferlent avec rage sur le navire, balayant le pont et entraînant à la mer tout ce qui n'est pas solidement amarré; les hommes, eux-mêmes, étourdis par les chocs successifs, seraient jetés à l'eau s'ils n'étaient pas solidement liés.

Il faut, dans ces cas-là, maintenir le navire l'avant à la lame, c'est la position où il résiste le mieux, bien que cette tenue le fatigue beaucoup en lui faisant faire à chaque flot qui passe un saut de mouton dans lequel il se soulève pour retomber ensuite le nez dans l'onde écumante de toute sa hauteur; c'est dans ces moments-là qu'on a conscience du danger qui environne l'équipage de toutes parts ; le navire est secoué comme une coquille de noix, il gouverne à peine, des bruits de craquement dans les membrures se font entendre partout, la mer passe avec fureur le long des hublots, montant à une hauteur inaccoutumée. En même temps le vent siffle lamentablement dans les mâts et les cordages. Et cela démontre clairement combien l'homme est petit et faible en présence de cette nature en fureur. Involontairement on songe que si une de ces parois de bois ou de fer était emportée par les flots, votre soutien, votre navire serait en un instant rapide comme l'éclair envahi et coulé en tourbillonnant au fond de la mer.

Nous fûmes heureusement exempts de cette épreuve, et nous ne souffrîmes pas trop d'un vent furieux et d'une mer démontée qui nous poussèrent avec impétuosité vers l'île de France aujourd'hui l'île Maurice où nous devions relâcher vingt-quatre heures.

Cette île fertile et où nos corsaires et nos navires de guerre trouvaient, sous l'Empire, un refuge assuré, opposa pendant bien des années, sous le commandement du général Decaen, de Duperré, de l'Hermitte et de Bouvet, une résistance acharnée aux entreprises des Anglais. Aussi ces derniers, sans cesse à l'affût des meilleures stations maritimes, ont-ils eu le soin de se réserver la possession de l'île Maurice en la fortifiant d'une manière formidable comme ils le font toujours à Gibraltar, à Malte, Aden ou Madras ; quand la griffe du léopard anglais saisit une proie quelque part, elle s'y cramponne pour toujours.

Le capitaine, Roumelot et moi, nous descendîmes passer quelques heures à terre et nous admirâmes l'activité commerciale de ce port, le grand nombre de navires qu'il renfermait et aussi la diversité des costumes et des nations qui y affluent. On y voit, en effet, le nègre ou l'Indoustan presque nus, l'Arabe de Zanzibar revêtu de son inséparable burnous, le bonnet pointu et le cafetan du Persan y côtoient la culotte et le pardessus, de coupe invariable, du Chinois. Ce qui nous étonna encore plus, ce fut l'humble servilité de ces races inférieures se prosternant jusqu'à terre et restant immobiles sur le passage des officiers anglais, tenant une simple badine à la main. Nulle part, les peuples subjugués par l'Angleterre n'affectionnent leurs conquérants, mais à coup sûr, ils les redoutent et les respectent, tandis que les Français familiers et bons pour leurs nouveaux sujets sont rarement aimés par eux, mais en échange ne s'en font guère craindre. Lequel des deux a raison?... Je l'ignore, mais je crois que l'Anglais qui nulle part ne s'allie à la race soumise et ne cherche à constituer avec elle un nouveau peuple, a raison en se tenant à part comme faisant partie d'une race supérieure.

Voici deux cents ans que notre rivale nous a arraché l'Inde, mais elle a toujours su maintenir entre elle et les cent peuples de l'Indoustan une barrière infranchissable de manière à faire de sa supériorité intellectuelle et du déploiement de sa puissance armée, un article de foi pour les peuples conquis, et, éteindre chez eux toute velléité de rébellion !

Le même soir, nous partions pour l'île sœur, la Réunion, comme on l'appelle là-bas, espérant arriver à Saint-Denis le lendemain et l'approche du terme de notre voyage nous empêcha de dormir ; nous passâmes cette nuit-là sur le pont, séduits, au plus haut point, par les beautés de cette nuit sereine. Peu à peu les feux de l'île Maurice s'éteignirent. Quand on en part le soir comme nous le fîmes pour aller à la Réunion, vers le milieu de la nuit, on aperçoit une immense gerbe de feu s'élevant à l'horizon et éclairant tout un côté du ciel. Cette traînée lumineuse s'observe d'une manière constante et est irradiée par le volcan de l'Ile qui d'ordinaire fort bénin, fait cependant éruption de temps en temps. On a noté celles de 1844-1858 et 1860 qui s'accompagnèrent de la descente des laves du haut de la montagne vers la mer, de pluies de cendres, de détonations formidables et de grondements souterrains, mais jamais, heureusement, de tremblements de terre si fréquents dans les pays ayant la malchance de posséder des volcans.

Pendant deux cents ans, en raison de l'existence du volcan dans l'Ile, on se gardait bien de construire les édifices publics et des maisons en pierres ; tout était édifié en bois plus souple et moins susceptible que la pierre d'être détruit par les oscillations du sol. Mais à présent les créoles de là-bas, aussi insoucieux du danger que les Napolitains, bâtissent en pierres de taille ou en pierres volcaniques tous leurs édifices et leurs maisons particulières. On risque fort de se repentir plus tard d'avoir transgressé les conseils de leurs anciens *compatriotes*.

J'ai parlé tout à l'heure de pluies de cendres et de la coulée des laves : un mot sur ces divers phénomènes.

Les pluies de cendres ne sont pas vomies autour du volcan. Elles sont généralement projetées du cratère avec une violence extraordinaire, en formant, étant chaudes encore (car elles crépitent et dégagent des étincelles), un immense nuage noir suspendu dans les airs et obscurcissant la lumière. Ce n'est que plus tard que refroidies dans l'atmosphère et n'étant plus soutenues par la force d'expansion du volcan, elles retombent plus ou moins loin, ici en cendres blanches ou grises, ténues comme de la poussière ou de la farine, là, comme des grains de sable noirâtre. On a recueilli de ces cendres en mer à 10 et 12 kilomètres du rivage.

Quant à la coulée de la lave, elle se fait autour du cratère dans le pays désolé aujourd'hui, qui s'étend du pied du volcan à la mer en suivant la pente des montagnes, descendant comme une mer de feu et détruisant tout sur son passage, broussailles, plantations, habitations et forêts. Généralement de formidables explosions souterraines annoncent sa mise en scène ; le niveau habituel du lac de lave qui bouillonne en tout temps s'élève brusquement et le torrent dévastateur franchit l'orifice du cratère, marchant silencieusement vers la mer. Jadis cet endroit était couvert de superbes forêts ; elles ont disparu ; mais les squelettes noircis de ces arbres magnifiques jadis, carbonisés aujourd'hui, attestent, couchés et incrustés dans la mer de laves, de leur splendeur d'autrefois.. On a calculé, en 1860, que la lave parcourait 400 mètres en une heure, se refroidissant en dessus mais coulant toujours et conservant sa chaleur en dessous, épargnant cependant quelques points où la végétation luxuriante s'étale, en contrastant plus tard avec l'aspect désolé du reste du *pays brûlé*.

Eh bien, le croirait-on, à peine la lave est-elle refroidie, au bout de quelques mois, que les mêmes créoles, chassés de leur demeure, et qui au premier moment avaient fui, épouvantés, avec leurs femmes, leurs enfants et leurs instruments de pêche, de chasse et de cuisine, reviennent habiter ces oasis et y construisent à nouveau leurs cases où ils vivent heureux relativement, pêchant, chassant et cultivant leurs légumes et leurs fruits, plus gais et moins mélancoliques que Robinson car leurs femmes les accompagnent, tissant avec le vacoua (sorte de palmier très abondant dans la région), des sacs dans lesquels on serre le sucre des usines. Pour ces natures à demi sauvages, qu'on appelle, là-bas, Petits Blancs, rien ne vaut la liberté et l'absence de tout contrôle. L'éloignement des villes, leur peu de besoins, les rendent les plus heureux des hommes !

Au bout de quelques heures nous vîmes apparaître, de plus en plus distinctement, le volcan de la Réunion.

C'est un spectacle ravissant en même temps qu'inoubliable que cette immense lueur rougeâtre du cratère en éruption, apparaissant d'abord dans le lointain comme les approches de Paris pendant la nuit. A mesure que le navire s'avance, on voit une gerbe de feu s'élever dans les ténèbres et se refléter dans la vaste plaine de l'Océan. Puis, à mesure que l'aube se dessine, ce feu pâlit insensiblement et bientôt le navire le laisse derrière lui dans le sud sans que le coup d'œil y perde rien, car le pays environnant et la côte elle-même ravagés par les laves incandescentes qui descendent du volcan sont arides, stériles et ont un aspect rougeâtre ou gris-de-fer qui lui ont fait donner ce nom de *Pays Brûlé*.

Mais quelques heures après, on approche de

Saint-Benoît et l'île entière qui, de loin, apparaissait comme environnée, de la base au sommet, d'une atmosphère nuageuse, se révèle plus distinctement. Sous l'influence des rayons du soleil ce velum épais qui la masquait à nos regards curieux est bientôt percé à jour par ses flèches d'or. Et l'on voit des nuages rosés bientôt dissociés remonter sur les flancs de l'immense pain de sucre que dessine l'île, s'évaporer, se fondre pour laisser se profiler vers le ciel, le fier sommet de l'île couvert de neige pendant plusieurs mois de l'année.

Aussi restâmes-nous constamment sur la dunette, cramponnés aux bastingages, n'ayant pas assez de nos yeux pour contempler cette vue merveilleuse et attirante. Nous étions émus délicieusement à la pensée de fouler aux pieds, tout à l'heure, un sol représentant un coin de la patrie elle-même, où des compatriotes, parlant la même langue, chérissant le même drapeau, allaient nous parler et nous sourire.

Le capitaine, se tenant auprès de nous, nous expliquait complaisamment les diverses villes ou quartiers devant lesquels nous passions tour à tour : Saint-Benoît, Sainte-Rose, Sainte-Suzanne et enfin, Saint-Denis. De loin, ces maisons blanches, coquettement placées au milieu d'une végétation sans cesse en activité féconde, nous semblaient ravissantes avec leurs vérandas avancées.

Aux colonies, soit désir de protéger leurs demeures contre les chaleurs torrides, soit besoin de récréer sa vue ou d'abriter à toute heure, contre les curieux les actes de la vie privée, on environne sa case ou sa villa, de lianes grimpantes, d'arbres au feuillage glauque et luisant et de fleurs éclatantes. Les champs de cannes à sucre se détachent en vert clair tirant sur le jaune auprès du feuillage vert foncé des manguiers sauvages et des letchis, arbre originaire de Chine qui s'est parfaitement acclimaté à la Réunion et produit des grappes de baies rouges revêtues d'une coque épineuse renfermant une pulpe gélatineuse, sucrée, blanchâtre et à demi transparente, recouvrant un noyau central couleur marron. Ce fruit est délicieux et a le goût de nos meilleurs raisins muscats du Midi. Je m'étonne que dans cette île à climats si variés et où la vigne réussissait si bien, mais où elle était dès 1850 envahie par l'oïdium dévastateur (1), on n'ait jamais pensé à faire en grand des plantations de letchis et d'utiliser ses fruits à faire du vin. Doux, sucré et parfumé, je crois qu'après fermentation, on en obtiendrait un assez bon vin de liqueur.

Au milieu des champs de cannes à sucre s'élèvent les hautes cheminées d'usines ; plus haut s'étage la végétation plus foncée des bois ; puis on voit des rochers irréguliers et escarpés, et encore plus haut, des pitons arides sans doute,

---

(1) N'est-il pas étrange de voir l'oïdium exercer ses ravages dans une île si éloignée de tout continent. D'où est venue cette plaie ? Quels espaces ont parcouru les spores de cette engeance qui ruinerait nos pays vinicoles si on ne la combattait pas chaque année avec une fleur de soufre très pure et très fine.

mais que les premiers rayons du soleil doraient d'une teinte rose caressant doucement nos yeux, accoutumés depuis longtemps aux couleurs azurées des océans. Puis enfin, apparaissait, en dominant ce spectacle incomparable, la cime neigeuse de l'île.

Séparés du reste du monde depuis soixante-douze jours, La Réunion nous apparaissait comme devant être le Paradis terrestre. L'imagination se lasse rarement de créer et de rêver et quelque habile ou industrieuse que soit la main de l'homme pour construire des édifices merveilleux, elle peuple en un instant les espaces, anime la nature entière, et la pare à son gré pour la mettre en harmonie avec des songes de félicité éphémère. Il est vrai qu'une seconde, un souffle, un mot, nous arrache à nos visions et à nos innocentes divagations — et qu'au moment du réveil, la tristesse fait place à l'enchantement, mais qu'importe ? pendant un instant, nous avons vécu dans les illusions qui dépassent de cent coudées la réalité et d'ailleurs ne peut-on pas dire avec un poète philosophe :

« Le vrai bonheur ne se goûte qu'en rêve ! »

Avant l'heure du déjeuner, le *Picard* jetait l'ancre en rade de Saint-Denis, le soixante-douzième jour de son départ, après une des plus courtes traversées qu'ait faites un navire à voiles. Aussi le capitaine était-il dans le ravissement. Ma joie d'être arrivé heureusement à destination et de pouvoir fouler bientôt une terre nouvelle, une terre de France, était, il est vrai, légèrement tempérée par un regret. J'avais, à mon départ de Bordeaux, été payé d'avance et avais touché trois mois de ma solde en sorte que je redevais à l'État vingt jours de solde anticipée, mais à vingt ans les impressions pénibles s'effacent aussi vite que les images sur un miroir et après un dernier déjeuner pris en commun où le champagne ne fut pas oublié, nous quittâmes le *Picard*, Roumelot et moi, après avoir fait nos adieux aux officiers et à l'équipage auprès desquels nous avions passé des jours si heureux que je me souviendrai toute ma vie de leur bienveillante et charmante hospitalité. Le capitaine Paillières n'avait eu pendant cet intervalle qu'un moment de mauvaise humeur, un jour que j'avais dessiné une maman truie qu'il avait embarquée à Bordeaux et qui pendant le voyage avait eu une belle portée de cochons de lait. Au-dessous du dessin j'avais mis cette inscription un peu ironique : *Une famille de Passagers à bord du « Picard »*.

Cela lui avait semblé diminuer les mérites de son cher *Picard*. J'en avais parlé irrévérencieusement ; aussi au premier cochon de lait que nous mangeâmes et dont la peau dorée était délicieuse et croustillante, s'en vengea-t-il en me disant : « Eh bien, Docteur, avouez que les familles de passagers à bord du *Picard*, ont parfois du bon ! »

CHAPITRE II

MELCHERTS.

I

Entre toutes les créations immortelles dues au Génie Français et si bien prises sur le vif qu'elles nous apparaissent après un siècle et demi comme si elles dataient d'hier, il n'en est point d'aussi riches en fraîcheur, en grâces et en séductions aimables que le personnage de Chérubin! Ce mot seul, aussi doux à nos lèvres que le mot « amoureux », signifie à la fois, jeunesse souriante, espièglerie sans cesse en éveil, amour prêt à éclater comme un feu d'artifice, cheveux blonds et bouclés, figure rose et fraîche, lèvres purpurines s'entr'ouvrant de minute en minute pour laisser voir des dents blanches ou plutôt des perles nacrées et pour aller cueillir de-ci, de-là, maints baisers donnés ou plutôt volés. On dit que ce sont les meilleurs!

Eh bien! ce personnage de Chérubin, créé par Beaumarchais, immortalisé à une époque plus rapprochée de nous par Déjazet, cette artiste qui, par un miracle de la nature et grâce à sa voix d'enfant au timbre de cristal, a ravi nos pères jusqu'au déclin de ses jours, ce Chérubin, dis-je, m'apparut tel que je l'avais rêvé après mes lectures furtives du collège, une matinée d'octobre 1850, à Saint-Denis, capitale de l'île de la Réunion, où je venais de débarquer en petite tenue de chirurgien de troisième classe de la marine.

Il y avait à peine une heure que le superbe trois-mâts le *Picard* venait de jeter l'ancre dans la rade foraine de Saint-Denis, que déjà ses deux passagers, après avoir présenté leurs remerciements aux officiers du bord, songeaient à abandonner le navire, pour descendre à terre. Une embarcation montée par des noirs s'était approchée du *Picard* et était prête à nous recueillir, ainsi que nos bagages ; et, après des adieux et des serrements de mains échangés amicalement, nous étions, avec l'insouciance et la hâte de la jeunesse avide de spectacles nouveaux et fascinée par la vue riante de cette île verdoyante, descendus, les deux passagers, M. Roumelot, moi et nos malles, dans un canot furieusement agité par la mer démontée habituelle à ces parages. Il avait fallu, pour cela, nous suspendre aux tire-veilles et profiter du moment où l'embarcation était soulevée par la lame au niveau de la coupée du *Picard*. La mer, comme si elle se séparait à regret de ses anciens hôtes, nous inonda, pendant le trajet, de ses embruns de poussière humide, mais bientôt nous arrivâmes sans encombre au pont du barachois du port. Là, au lieu de descendre, il nous avait fallu remonter, cette fois, en nous accrochant à une échelle mobile en cordes, remplacée pour les dames et les passagers craintifs, par des fauteuils où on les ficelle et empaquette solidement, avant de les hisser comme de vulgaires colis à la hauteur du tablier du pont où on peut enfin prendre pied en s'écriant : « Sauvés, mon Dieu ! »

Laissant nos malles à la douane, nous nous engageâmes à la recherche d'un gîte dans les rues du quartier commerçant de Saint-Denis, c'est-à-dire dans la ville basse. Cette dernière, la plus voisine du port, renferme le palais du Gouverneur, les comptoirs des négociants, les entrepôts des armateurs et des boutiques assez confortables, quelques-unes même luxueuses. Les rues, régulièrement alignées et disposées en carrés sont les unes parallèles et les autres perpendiculaires au rivage. C'est à peine si dans la ville basse, on trouve, malgré la luxuriante fertilité du sol, quelques arbres sur les places du Gouvernement et celle de la Cathédrale. On devine que là, le terrain est précieux et se vend au poids de l'or ; mais à mesure qu'on remonte dans les rues, l'œil se repose avec plaisir dans la ville haute, sur de vastes emplacements remplis de fleurs et d'arbres au port majestueux, où la maison (on dit là-bas, *l'habitation*), se cache comme un nid d'oiseau dans des flots de verdure. A l'un des angles de cette habitation, et donnant sur la rue, existe habituellement une terrasse garnie et abritée par des plantes grimpantes où, le soir, de six à sept heures, les dames viennent prendre le frais et causer avec les promeneurs de leur connaissance, heureux de les aller saluer et d'apprendre ou raconter les nouvelles du jour.

Possédant une lettre de recommandation pour

une vieille personne, Mme Binan, propriétaire au milieu de la ville d'un vaste espace de terrain, je m'en fis indiquer la demeure. Cette bonne dame avait eu l'excellente idée d'y élever de nombreux bâtiments appelés là-bas des *Cases*, dispersées çà et là, qu'elle louait facilement à des magistrats ou à des officiers de santé de la colonie, heureux de trouver là l'isolement et la liberté en même temps que la tranquillité.

Je me présentai à elle accompagné de l'autre passager du *Picard*, mon campagnard, né natif, comme il le redisait, des environs de Château-Thierry, et qui se cramponnait à ma redingote avec autant de persistance qu'un pauvre chien barbet débarqué en pays inconnu s'attache aux talons de son maître.

Encore plus dépaysé que moi, ne connaissant les pays intertropicaux que par la lecture de *Paul et Virginie*, il ouvrait des yeux effarés, larges comme la lanterne d'un train express et, stupéfait à la vue de choses si différentes de son pays natal et de tant d'hommes noirs ou couleur de café au lait, si diversement habillés (et quelques-uns pas du tout), il ne soufflait pas un mot, se contentant de tourmenter fièvreusement la barbiche rouge descendant de sa lèvre inférieure et de disputer à mon ombre la liberté de m'accompagner.

Mme Binan était une créole de haute taille, âgée, ridée et cassée, mais qui, jadis, avait été, paraît-il, une beauté. Elle ne parlait guère que le créole, langue douce et harmonieuse, surtout sur les lèvres d'une femme, réservant le français pour les grandes occasions, lorsqu'elle recevait une visite comme la nôtre, par exemple. Elle aimait à errer sans cesse en long peignoir blanc, dans les méandres de ses jardins remplis de bananiers, de flamboyants, d'avocatiers, de badamiers aux feuilles glauques et luisantes et de ces lianes arborescentes qui font, là-bas, le bonheur des botanistes. Peut-être ces sentiers discrets lui rappelaient-ils des bonheurs lointains et depuis longtemps effeuillés et s'y promenait-elle pour y bercer ses rêveries du temps passé?... Mais, hélas, Mme Binan ne réveillait plus que de fort loin le souvenir de ces nymphes légères et court vêtues qui, dans les poèmes anciens, s'enfuyaient en rougissant vers les saules discrets quand un étranger s'approchait d'elles. Du reste, quand on n'avait pas le plaisir de l'apercevoir, on avait le désagrément de l'entendre, criant sans cesse, comme un perroquet abandonné sur le bord d'une fenêtre, après un jeune négrillon, nommé Azor, qui, depuis l'émancipation de ses pères et frères en couleur, s'échappait souvent en maraude, narguant les coups de fouet qui, en des temps plus sévères, auraient cinglé ses épaules ou ses fesses couleur de fumée. Nous devons l'avouer, du reste, Azor, qui faisait la sourde oreille aux appels de sa maîtresse, aurait mérité bien souvent cette punition, car s'il avait le nom d'un caniche, il n'en avait point la fidélité et il faisait main basse sur une foule d'objets et de fruits qu'il adorait, étant fort gourmand de sa nature.

Aussi, fallait-il entendre Mme Binan déplorer, en termes amers, l'abolition de l'esclavage, où le maître avait le droit de punir ses esclaves désobéissants. Ce qu'on avait de mieux à faire quand elle entamait ce chapitre-là, c'était de s'enfuir au plus vite en invoquant un prétexte honnête pour lui fausser compagnie, car ses plaintes et ses regrets du temps passé étaient interminables !

Arborant mon plus aimable sourire, je demandai donc à Mme Binan si elle pouvait nous louer deux chambres, ou (pour donner à notre pensée une couleur locale), deux cases. Mais toutes étaient louées soit à des médecins, le Dr Hiriart, de Toulon, le Dr Delord, un chirurgien distingué que j'avais connu à l'hospice civil de Rochefort, à M. Laude, un magistrat, devenu depuis procureur général, soit à d'autres personnages, des commis ou des commissaires de la marine. Il ne lui restait plus qu'une chambre fort étroite, garnie d'un petit lit, d'une table, d'une commode, où, ma malle une fois en place, j'aurais tout juste la possibilité de placer deux chaises ; mais, peu m'importait ! Cela valait encore mieux que ma chambre de bord, et, d'ailleurs, au milieu de cette nature enchanteresse, de cette splendide végétation sans cesse en activité, je me disais que j'éprouverais un véritable bonheur à vivre au grand air, sous le dôme de ce ciel bleu si lumineux, en face de ces montagnes dont les arêtes dentelées étaient couvertes jusqu'à leurs sommets de plantations aux teintes variées.

Je ne pensais guère aux pluies torrentielles de l'hivernage, aux roulements du tonnerre se répercutant dans les gorges des vallées profondes ; l'essentiel, d'ailleurs, était acquis; j'avais un abri pour la nuit, une table pour écrire, une couchette pour m'étendre et dormir, tout cela tranquillisait mon esprit; je n'avais plus besoin de chercher, et l'affaire de la location fut vivement conclue sans que Mme Binan me demandât des arrhes ; heureusement, car il ne me restait plus, après les libéralités obligatoires du baptême de la ligne, qu'une modeste pièce de cinq francs, soit une piastre, comme on dit là-bas. Le galon d'or ornant le parement de velours cramoisi de ma redingote et ma casquette m'avaient évité cette humiliation de présenter, s'il l'avait fallu, une bourse aussi vide que le coffre-fort de Robert-Macaire.

J'étais logé, mais il nous restait encore de grandes difficultés à vaincre; Roumelot ne l'était point et, de toute nécessité, il fallait que sa providence, représentée par mon humble personne, s'occupât de lui chercher un gîte ; une autre difficulté non moins grande était de trouver, après le logement, un hôtel, un restaurant où aller manger ? Et dans quelques heures il y fallait pourvoir ! Où courir? où trouver une pension hospitalière qui me recevrait à crédit ? Il ne s'agissait ici que de moi, car je savais que mon camarade avait dans sa malle antique, clouée, chevillée sur toutes les faces et dont la serrure artistique était une merveille, quantité de louis et de doubles louis qui me faisaient absolument défaut !

Mais la bonté de la divine Providence n'est, pas un vain mot, car à peine avais-je pris congé de Mme Binan, dépassé le seuil de sa porte et fait quelques pas dans la rue, que nous aperçûmes, descendant vers nous, un personnage qu'à son galon d'or tranchant sur la bande de velours vert de sa casquette et des parements de sa redingote, je reconnus pour un pharmacien du même grade que moi.

Encore aujourd'hui, à tant d'années d'intervalle, j'entrevois, en fermant les yeux, cette charmante apparition. Le Chérubin de Beaumarchais, costumé en pharmacien de troisième classe, n'évoquerait pas une image plus gracieuse. D'une taille moyenne, il s'avançait d'un pas élastique cadencé, souple dans ses mouvements comme une femme dansant aux sons d'une musique bien rythmée. Une forêt de cheveux blonds comme de l'or jaune s'échappait, naturellement, en boucles frisées, de dessous sa casquette ornée de l'ancre étincelante et réglementaire de la marine. Ses yeux souriants, d'un bleu de saphir, étaient surmontés de sourcils noirs et si bien arqués qu'un peintre ne les aurait pas plus correctement dessinés; le nez, d'une délicatesse, exquise, se terminait par deux narines rosées et mobiles; la bouche fine, aux coins relevés, avait la fraîcheur et l'éclat du côté rouge des pommes d'api et était surmontée de quelques poils follets d'une teinte encore indécise, seul indice pouvant faire croire de loin que cette figure charmante, idéale, n'était point celle d'une jeune fille adorable ; chez lui, regard, sourire, air, à la fois crâne et moqueur, tout en un mot était à l'unisson. Sa redingote, s'ouvrant sur un gilet blanc aux boutons étincelants avec l'ancre dorée, laissait voir une taille svelte que plus d'une femme aurait enviée; son pantalon blanc de petite tenue retombait gracieux sur une bottine vernie emprisonnant un pied digne de Cendrillon ; les mains blanches, aux ongles roses, étaient fluettes et aristocratiques ; six ou sept bagues d'or, minces comme un fil d'archal, s'y pressaient les unes sur les autres. Joignez à tous ces avantages, le galbe le plus pur, le teint le plus blanc, des pommettes rosées comme la feuille d'une rose de bengale surprise par le premier souffle de l'hiver, encadrez cette apparition des rayons d'un soleil étincelant, d'un horizon de verdure et de fleurs, tel que nos peintres d'Europe n'en ont jamais rêvé de pareil, et vous comprendrez mon ravissement à la vue de cette idyllique apparition.

Melcherts, c'était son nom, était non seulement la grâce, mais encore la bonté et l'obligeance en personne. En me voyant en tenue, il devina un nouveau débarqué, embarrassé peut-être par ces mille ennuis qui assaillent un collègue en pays inconnu, et il vint à moi, l'air souriant, la main tendue, s'informant avec sollicitude de mon port d'embarquement, de mes projets et de l'heure de mon arrivée.

Je lui avouai franchement mon désir de trouver une pension en rapport avec l'état de mes ressources.

— N'est-ce que cela, me répondit-il, ne vous mettez point en peine ; justement notre pension est à deux pas d'ici. Vous y serez bien accueilli par nos camarades chirurgiens de troisième classe et commis de marine que l'or ni la grandeur n'encombrent pas plus que vous; crédit vous sera ouvert et on ne règle qu'à la fin du mois. Parfois même... mais vous le saurez par vous-même, reprit-il, pendant qu'un fin sourire achevait sa pensée.

Pendant notre colloque, Roumelot se tenait droit à mes côtés, raide comme un soldat en faction auprès d'une poudrière et attendant sa présentation après les phrases explicatives que nous venions d'échanger. Un regard interrogateur de Melcherts, jeté sur le *Rusticus* champenois, me rappela à mon devoir de maître de cérémonies.

— Je vous présente M. Roumelot, de Château-Thierry, qui, enflammé par la lecture de *Paul et Virginie*, de M. Bernardin de Saint-Pierre, et aussi par un héritage inattendu d'un de ses oncles, s'est expatrié pour venir à la Réunion faire du commerce et s'assurer si la descendance des Virginie existe encore à la Réunion ?...

Je n'étais pas fâché de combattre, par cette explication *du sac*, la mauvaise impression que le méchant feutre gris, le paletot vert à basques, le maigre pantalon noir et les souliers ferrés immenses, incommensurables, légués peut-être à leur fils, petit-fils et arrière-petit-fils, par toute une génération de Champenois, avaient dû produire sur le jeune pharmacien.

— Croyez-vous, poursuivis-je, que ces messieurs de l'hôtel voudront bien accepter pour commensal M. Roumelot ? je leur en serais fort obligé ; car il est encore plus en peine que moi, et depuis trois mois, j'ai pu apprécier ses excellentes qualités et sa nature droite.

— Du moment que vous nous présentez ce bon jeune homme (et il appuya sur ces mots avec un malicieux sourire), je suis sûr que nos camarades ne feront pas la moindre opposition à son entrée dans notre mess.

Je poussai du coude et vivement mon compagnon, resté là, bouche bée, muet comme un poisson pendant ce colloque; il comprit à la fin et balbutia quelques mots de remerciement.

— Mais, j'y songe, dit Melcherts, avez-vous un logement ?

— J'en ai trouvé un dans cette rue même, chez Mme Binan.

— Oh! je connais très bien cette bonne dame créole. Vous vous trouverez là en pays de connaissance avec M. Delord, chirurgien du port de Rochefort.

— Il a été, répondis-je, mon prévôt à l'hôpital Saint-Charles.

— Tant mieux, vous ne serez pas isolé... mais votre co-passager, M. Roumelot?

— Il est fort en peine pour son logement et nous allons mettre à profit les quelques instants qui nous séparent du dîner pour en chercher un.

— Eh bien, si vous le voulez, reprit Melcherts, je vais vous aider dans vos recherches. Justement, je flanais après mon service de l'hôpital, et il est à croire que nous trouverons ce que vous désirez dans le voisinage de notre pension, qui est située à deux pas d'ici, dans cette rue latérale!

Et fort obligeamment, Melcherts nous fit visiter quelques maisons dans l'une desquelles Roumelot trouva une chambre meublée à son gré. Il donna le denier à Dieu. Puis, nous allâmes à la recherche de nos malles, et, le soir même, vers six heures, nous étions casés et, sous l'égide du pharmacien, nous faisions notre entrée solennelle dans l'hôtel de M. Poux, ancien gendarme démissionnaire, qui s'était marié quelques années auparavant avec une *petite blanche* (1) et avait eu la pensée de fonder une pension bourgeoise dont les officiers de santé étaient le plus bel ornement. Je n'ose pas dire, le soutien le plus ferme, car nos bourses n'étaient pas des mieux garnies, mais enfin, si nos appétits de vingt ans ébréchaient fortement les provisions, on y faisait, par compensation, pas mal d'extra.

Car, après les repas, quand le temps était pluvieux, on jouait de la bière, des apéritifs, une bouteille de bordeaux ; parfois même, aux jours de liesse, un flacon de champagne, égaré dans notre mess, y montrait son ventre rebondi, son cou fluet et sa tête argentée ou dorée, et tout cela finissait par être payé... à la longue... Le père Poux ajoutait bien au compte ancien quelques fiches nouvelles, restées douteuses ; mais il fallait bien reconnaître à ce brave homme ses intérêts et nous ne regardions pas de trop près à ses écritures.

---

(1) On appelle, à la Réunion, Petit Blanc, des créoles qui, à force de croisements successifs, ne présentent que très peu de signes du sang mêlé.

Comme dans toute pension bourgeoise, les deux époux se mettaient à table avec nous et leur présence nous obligeait au respect des convenances et à une certaine tenue, bien préférables au débraillé des restaurants ordinaires. A ce métier de nourrisseur, le père Poux, comme il se laissait appeler par nous, avait gagné un embonpoint considérable. Ah! son ancien ceinturon d'ordonnance jaune et blanc!... qu'était-il devenu? Mais que deviennent les neiges d'antan?... En jetant les yeux d'abord sur son fourniment, suspendu dans un coin, puis, sur son abdomen arrondi, il avait peine à s'imaginer qu'à une époque ne remontant pas cependant aux calendes grecques, il avait pu entrer là-dedans.

Par contre, sa femme était maigre et plate comme un busc en baleine; rien devant, rien derrière; face ou pile (en dehors de la crinoline qu'on portait alors), étaient égaux devant son mari comme devant la loi... En un mot, Mme Poux se personnifiait tout entière d'abord en deux grands yeux noirs, énormes, lanternes magiques étincelantes, où le pauvre gendarme était venu brûler ses ailes ou ses bottes, et ensuite en des cheveux de jais si longs qu'ils auraient couvert d'un manteau protecteur sa frêle et maigre personne. Hors ses yeux et ses cheveux roulés en grosses torsades sur le maigre roseau blanc représentant la nuque, il n'y avait rien ou presque rien dans le mince fourreau que représentait la robe de madame. Étui vaporeux, idéal où l'œil cherchait en vain les attributs de la femme. L'étui allait et venait cependant, parlait même à ses heures, glissant sans bruit dans la salle à manger, pareil à ces sylphes surgissant la nuit sur l'herbe des prairies brumeuses; mais quel contraste quand la femme s'asseyait auprès de son mari ! Une fourmi, une maigre belette auprès d'un éléphant ! Et quel flot de pensées drolatiques égayait l'esprit de tous à l'aspect de cette bizarre association, réalisant si bien la parole de l'écriture disant à Adam, à propos de sa femme Ève: « Elle sera la moelle de tes os !... »

Je ne fus pas longtemps à m'apercevoir que les grands yeux noirs de Mme Poux jetaient des flammes lorsque son mari la frôlait ou seulement quand elle se mettait à table auprès de lui. Ils auraient dû, en bonne conscience, maigrir ce dernier et engraisser l'épouse, et c'était tout le contraire qui était advenu ; les allumettes les plus minces prennent feu, comme on le dit, au moindre contact, et Madame était terriblement sèche, mais peut-être Monsieur n'était-il pas du même bois et laissait-il l'incendie se consumer de lui-même sans chercher à l'éteindre ? Et cependant ? un ancien gendarme ? un beau militaire ? un corps d'élite ? fort entre tous ?... et qui avait dû affronter plusieurs examens de conscription ou de revision ?.. Mais la vie est pleine de mystères, que l'œil le plus indiscret ne peut pas toujours approfondir !

L'accueil de mes futurs camarades fut aussi bienveillant que possible pour mon *Rusticus* et pour moi, et un crédit nous étant ouvert, nous leur payâmes, en revanche, deux bouteilles de Bordeaux.

Ce soir-là, on nous aurait portés en triomphe !

Le lendemain, dans l'après-midi, j'allai, en grande tenue, faire les visites traditionnelles aux autorités militaires et à mes chefs directs, maugréant tout bas contre un excès de politesse qui les arrachait aux douceurs de leur sieste accoutumée et on m'assigna pour service, la salle d'un vieux docteur colonial, M. Reydellet, dont je parlerai plus loin.

Ce fut ainsi que j'appris à connaître et aimer dès le premier jour ce Melcherts, dont la vue m'avait si vivement intéressé et, pendant plus d'un an, c'est-à-dire jusqu'à l'époque de mon départ pour Mayotte et Madagascar, où chacun de nous allait à tour de rôle passer une année, nous nous retrouvions chaque jour à l'hôpital de Saint-Denis et à la pension.

II

Son histoire était bien simple et fort intéressante. Fils d'un lieutenant de vaisseau âgé, qui s'était marié sur le tard, quatre années seulement avant sa retraite, désireux d'assurer, en cas de mort, à sa femme la maigre pension que l'État alloue aux veuves d'officiers, Fernand Melcherts était né à Brest et y avait été élevé avec la plus tendre sollicitude par ses parents, dont il était l'unique rejeton. Doué de dispositions exceptionnelles, il trouva dans son père un répétiteur vigilant qui l'accompagnait chaque jour au collège, le ramenait le soir au foyer de la famille, après la classe, pour y apprendre ses leçons et préparer ses devoirs du lendemain. Trop faible de complexion pour pouvoir entrer au *Borda*, il s'était décidé, après avoir subi avec succès, à l'âge de seize ans, son baccalauréat, moyennant une dispense d'âge, à entrer comme élève pharmacien à l'école de santé de Brest, et dix-huit mois après, grâce aux répétitions multipliées de son père, qui s'était mis à piocher avec son fils la physique, la chimie, l'histoire naturelle et les livres de pharmacie, il était reçu pharmacien de troisième classe et désigné pour la Réunion. Le pauvre père, hélas! ne put prendre sa part d'un succès qu'il avait si largement préparé et qui eût été la récompense de sa sollicitude incessante ; il mourut avant que son fils ne fût reçu, mais, du moins, il s'éteignit tranquille et plein d'illusions sur les succès qui attendaient plus tard cet enfant bien-aimé.

En brave et intelligente Bretonne qu'elle était, Mme Melcherts, qui adorait son fils et s'était jusque-là contentée d'un rôle secondaire vis-à-vis de lui, le caressant en cachette, mais soucieuse de s'effacer devant son mari, en lui réservant complètement l'autorité et la direction de son éducation, prit aussitôt les rênes du gouvernement ; la main était plus douce, le langage plus tendre, mais les principes étaient les mêmes et, grâce à ces précautions, Melcherts, au moment de s'embarquer sur une frégate amirale en partance pour la Réunion, était aussi pur, aussi chaste, aussi ignorant qu'une jeune fille, car il n'avait jamais quitté l'aile maternelle.

Est-ce un bien, est-ce un mal d'élever un jeune homme de cette façon et de lui cacher les dangers et les séductions qui l'attendent au passage ? Est-il prudent de tenir renfermé dans des barrières infranchissables, lui voilant les horizons de la vie, un jeune coursier bouillant d'impatience et de curiosité et n'est-il pas à craindre qu'une fois dégagé de tout frein, il ne s'enfuie au galop, emporté par sa fougue naturelle, bien au delà de ces barrières qu'on lui imposait jadis, surtout dans ces pays bleus de l'imagination qui fascinent et entraînent ? N'est-il pas plus sage de déchirer un à un les voiles cachant à un jeune homme la vie réelle dont il n'a pas encore dépassé le seuil et de lui dépeindre, avant le dernier obstacle à franchir, l'arbre du bien et celui du mal, c'est-à-dire les séductions et les dangers qui l'attendent ? Mais, à notre époque, les jeunes gens élevés comme Melcherts sont des oiseaux rares ; les séductions, les ivresses, ou, pour mieux dire, les poisons circulant librement sur nos boulevards, grisent avant l'âge les collégiens vaguant seuls par les rues, et, d'ailleurs, tout enfin n'est-il pas une question de force de caractère et de tempérament ? Ceux de nos enfants qui sont énergiques et savent vouloir, ceux qui s'imposent un but sérieux à atteindre, ne jettent qu'un regard dédaigneux et indifférent sur le vice aimable qui tend vers eux des mains crochues pour les happer au passage !

Des parents prudents le leur ont dépeint sous ses véritables couleurs, et leur ont fait remarquer que la rose, malgré sa fraîcheur, cache bien des épines. Quelques-uns, sans doute, faibliront, malgré les avertissements paternels ; il y aura toujours des papillons éblouis qui brûleront leurs ailes aux flammes de la lampe ; mais un bon nombre avertis éviteront de passer auprès de ces phares trompeurs et suivront la bonne route, en côtoyant les précipices, sans y tomber.

Quant aux faibles, aux rêveurs, aux enflammés de poésie, quant aux crédules, c'est parmi eux que le minotaure choisit ses plus nobles et ses plus innocentes victimes ! Combien de ceux-là, désormais sans cuirasse, sont vaincus avant d'être descendus dans l'arène, n'essayant même pas de lutter au delà de quelques instants ! Ce sont là les martyrs de la vie et de malheureux prédestinés !

Melcherts devait compter parmi ces derniers. Quand il partit, s'éloignant de cette tendre mère, dont l'amour avait si bien rempli sa vie jusque-là et si bien absorbé ses facultés aimantes que son cœur n'avait jamais oscillé, un seul instant, vers un autre pôle, il se sentit brisé et comme abandonné pour jamais ; aussi, le premier soir, étendu dans son hamac suspendu au poste de la frégate, ne se sentant plus surveillé ni dominé par le regard curieux de ses camarades, les aspirants, il put détendre son âme affaissée, et il versa, comme une Madeleine innocente, des pleurs intarissables. Sans doute, il avait eu à souffrir d'un premier malheur, la perte de son père, auquel il portait une affection sincère, mais contenue et faite surtout d'estime et de respect, et, malgré son jeune âge, il ne pouvait s'empêcher de penser que ce dernier ne s'était jamais fait enfant pour jouer avec lui, que la dignité de l'homme sérieux, de l'officier grave, réfléchi, n'abdiquant pas sa supériorité, ne s'était jamais effacée entre eux ; et toutes ses facultés aimantes s'étaient concentrées sur cette mère qui avait, enfant, puni ses fautes avec un baiser, séché ses premières larmes avec une caresse et l'avait consolé des gronderies paternelles en le berçant sur son sein !

Le visage de cette mère adorée agitant sur le cours d'Ajo (1) son mouchoir blanc en signe d'adieu, le souvenir des larmes brûlantes qu'elle avait mêlées aux siennes le matin du départ, lui déchiraient le cœur et quand, le soir venu, sa pensée put s'envoler vers celle qu'il aimait et qu'il se la représentait seule, priant pour lui, dans cette chambre aujourd'hui solitaire, si bien remplie la veille par leurs élans de tendresse commune, c'était plus que du chagrin, c'était du désespoir qui l'envahissait !

Mais la peine des jeunes gens ressemble à la rosée du matin que les premiers rayons du soleil levant boivent et font disparaître. Et puis, le séjour en mer berce et console les grandes douleurs, plutôt qu'il ne les entretient ; le contact forcé avec d'autres individus, la difficulté de s'isoler, de se recueillir, les mille événements du bord, les spectacles variés qu'offrent aux regards curieux ces vagues mobiles, immenses, sillonnées au voisinage des rivages européens par des centaines de vaisseaux aux pavillons éclatants et aux formes différentes, diminuèrent peu à peu ses

---

(1) Principale promenade de Brest.

tristesses. Peut-être si Melcherts avait pu se recueillir, se faire une petite place à part, pour évoquer librement le souvenir de sa mère et lui écrire quelques lignes, serait-il resté dans les mêmes dispositions mélancoliques; mais, à chaque minute, dix ou douze aspirants, heureux de vivre et d'une gaieté exubérante, tapageaient à qui mieux mieux au poste des élèves et en faisaient le coin le plus animé de toute la frégate ; aussi, l'isolement et la faculté d'écrire étaient-ils chose impossible avec le vacarme assourdissant de ces bons camarades.

Et, d'ailleurs, comment garder sa mélancolie avec le bordeaux et le champagne que, dans les premiers jours, ces jeunes gens, insouciants de l'avenir, se versaient à flots ? On avait reçu six mois d'entrée en campagne pour faire des provisions. Or, ces provisions, elles pouvaient se gâter; il fallait les consommer au plus tôt, rire, boire et chanter comme Zampa:

> Nargue des vents et de l'orage,
> Quand d'aussi bon vin
> Mon verre est plein !
> Buvons, amis, car peut-être un naufrage
> Finira demain notre destin.

Enfin, la jeunesse n'est-elle pas une glace, un miroir sur lequel l'eau coule sans y laisser de traces ? Les sensations venues du dehors s'y reflètent, il est vrai, avec une fidélité extrême, mais sans y laisser d'empreinte durable et, quelques instants après, elles sont remplacées par des images nouvelles destinées à s'effacer, elles aussi, au bout de quelques instants.

Que devenir dans un milieu pareil, où la gaieté était contagieuse et l'insouciance à l'ordre du jour ? Melcherts pouvait-il faire autrement que de se laisser entraîner et emporter par ce joyeux tourbillon ? Et cela d'autant mieux que le langage un peu libre de ses compagnons lui montrait toute grande ouverte, sur le monde où il allait vivre, une fenêtre que sa mère n'avait jamais entrebâillée devant lui.

Sévèrement gardé, rivé à la maison paternelle avec un soin jaloux, toutes les femmes se rangeaient jusque-là pour lui dans deux grandes classes : les épouses et les mères. Hors de là, il n'avait rien entrevu, rien pensé, rien deviné ; toujours seul, n'ayant point eu de compagnons de son âge, n'ayant jamais pris part aux jeux des autres enfants conduits l'après-midi par leurs bonnes sur le cours d'Ajo, il n'avait pas échangé une seule parole, un seul coup d'œil rieur avec les petites filles qui s'y promènent ; en un mot, s'il représentait la plus parfaite image de Chérubin adolescent, c'était un Chérubin ingénu et à cent lieues de conter ses peines à sa marraine !

A ses côtés étaient de grands aspirants de première classe qui avaient déjà pas mal *bourlingué*, comme ils disaient.

Une campagne dans ces pays intertropicaux, où le soleil incandescent chauffe et exalte les plus froids, les avait déniaisés. Leur enthousiasme, en parlant de ces merveilleux climats, était sans bornes et ils émaillaient à chaque instant leurs conversations de souvenirs troublants où les Tahitiennes au teint doré, les Indiennes de Pondichéry, et les mulâtresses de la Réunion passaient, images charmantes et lascives, errant, le soir, dans les massifs ombreux des jammeroses, des gouyaviers, des manguiers et des orangers qui abritaient de leurs ombres épaisses et de leur feuillage sombre de brûlantes amours. Pour la première fois, Melcherts pressentait qu'une femme pouvait être autre chose qu'une mère, une épouse ou une sœur. Il existait donc d'autres liens entre l'homme et la femme que ceux du sang ou de la famille, d'autres nœuds que ceux du mariage? On rencontrait donc, de par le monde, des êtres souriants, gracieux, pouvant s'attacher à vous, embellir votre vie, recevant vos baisers et vous les rendant avec usure?... La lumière s'était faite dans son esprit peu à peu, et le voile s'était déchiré, laissant entrevoir, à la fin de la traversée, une amante possible sur les rivages enchanteurs de la Réunion, de cette île que l'Océan Indien peut, à juste titre, revendiquer comme une de ses perles les plus précieuses !

III

Quelques mois après, Melcherts débarquait à Saint-Denis, le principal port de l'île, et, si attrayant était son aspect, si roses encore étaient ses joues imberbes, si limpide le regard de ses yeux bleus, si gracieux l'ensemble de sa personne et de sa physionomie, que chacun de ses camarades du service de santé s'empressa de le débarrasser des nombreux impedimenta assiégeant tout nouvel arrivé. En un clin d'œil, il fut casé, installé, présenté à ses chefs et initié, à l'hôpital, aux règles du service colonial à terre. Ce dernier était, du reste, aussi doux qu'on le peut désirer. Le médecin en chef était alors M. le Dr Dauvin, chef indulgent, homme bienveillant, causeur spirituel, se plaisant fort au milieu de son jeune état-major et fermant volontiers les yeux sur les petites irrégularités du service. Le pharmacien en chef était un ancien Breton, marié dans le pays à une créole superbe qui lui avait donné deux fils et qui, malgré les longues années écoulées depuis, avait conservé, en dépit du temps, une beauté irréprochable qui semblait défier les années. Le bon exemple est contagieux dans le mariage, comme on le sait ; avec l'existence commune, deux conjoints finissent par déteindre l'un sur l'autre ; celui-ci emprunte à celle-là ses bonnes qualités, et réciproquement, de sorte que deux époux, foncièrement dissemblables au début de leur union, finissent par se ressembler et se présenter sous le même aspect à la fin de la vie commune.

Pour ne pas déchoir, M. Le Kellec, le pharmacien en chef, portait donc beau et s'y efforçait sans cesse, afin d'être digne des faveurs de sa dame. Une ceinture large de quatre doigts maintenait dans de justes limites un estomac et un abdomen ayant de trop fortes tendances à ne faire qu'un seul et même promontoire. Ses pantalons blancs à larges sous-pieds dessinaient une jambe mieux faite que ne l'ont d'habitude les Brestois (dont les signes caractéristiques sont, on le sait, des pieds palmés, des chevilles et un bas de la jambe énormes et un goût démesuré pour les boissons alcooliques). D'une taille assez haute, la tête droite, coiffé de la casquette à triple galon d'or, il avait réellement très grand air quand il arrivait en petite tenue, le matin, sous les badamiers de l'hôpital et s'installait, d'un air grave, dans le grand fauteuil de la pharmacie ; aussi semblait-il devoir braver longtemps encore les injures du temps. Seulement, hélas ! celles-ci avaient irrévérencieusement fait main basse sur une partie de sa personne, son crâne, et quelque soin que prît le digne fonctionnaire pour dissimuler la perte de ses cheveux, il n'était pas difficile, malgré le soin minutieux, trop minutieux même (car il nous avait donné l'éveil sur sa calvitie absolue), de deviner qu'il portait une perruque d'un blond idéal et très bien ajustée, dissimulant un dessous nu comme un genou. Quelques-uns de ses subordonnés avaient eu l'avantage de le voir et avaient comparé son chef vénérable à un fromage de Hollande, garni sur le bord des tempes de quelques cheveux ardents, hérissés comme les rayons entourant l'orbite du soleil dans les images d'Épinal.

Mais cela n'excluait pas sa bienveillance, et on ne peut dire avec quelle bonté, quelle affabilité extrêmes, M. Le Kellec accueillit Melcherts. Un enfant blond, séduisant au possible !... Un pharmacien !... un Breton !... il n'en fallait pas tant pour l'émouvoir, et toutes les glaces que pouvaient interposer entre eux l'âge, le grade et la dignité professionnelle se fondirent en un instant. L'air de mélancolie, qui, parfois, rendait

Melcherts sérieux au souvenir de sa pauvre mère, acheva de lui gagner le cœur de son supérieur, qui le présenta à sa femme et lui fit promettre de venir, une fois par semaine, s'asseoir à sa table.

Le chef de salle auquel on l'attacha et à qui on m'adressa moi-même, plus tard, fut M. Reydellet, un vieux docteur arrivé jeune dans la colonie et qui, sans examen, était arrivé à ce grade, on ne sait comment, par des influences de famille probablement, car il s'était marié dans le pays, ou par le tranquille prestige de l'ancienneté (l'âge a quelquefois du bon pour les fonctionnaires). C'était, du reste, un chef extrêmement bienveillant; jamais service ne fut plus commode et moins majestueux. Le père Reydellet, comme nous l'appelions irrévérencieusement, ne s'affublait jamais, par esprit d'opposition à son camarade Le Kellec, d'une tenue, et arrivait chaque matin en civil, avec un chapeau à haute forme, faire d'un pas traînant et lent, sa visite accoutumée à l'hôpital; il mâchonnait de ses lèvres un cigare, qui ne les quittait jamais, et qui était le plus souvent éteint. Lorsqu'il lui fallait interroger un nouveau venu à l'hôpital, il le dissimulait, allumé ou non, dans son chapeau à haute forme qu'il soutenait de ses deux mains avec autant de soin et de respect que saint Denis portant son chef décapité. La percussion, l'auscultation des malades n'avaient, du reste, point de secrets pour lui, car oncques il ne les pratiquait; les maladies coloniales, affectant surtout le tube digestif, le dispensaient de ce soin; aussi, ses prescriptions étaient-elles connues à l'avance et se bornaient-elles à bien peu de médicaments. A chaque lit de malade, on l'entendait donc prononcer ces paroles sacramentelles: « Quart ou demi-ration, tisane de riz torréfié, gommé, albuminé; matin et soir, un quart de lavement laudanisé, sous-nitrate de bismuth, un gramme en deux paquets. » Rarement se risquait-il jusqu'à l'opium, l'ipéca ou la ratanhia, et il fallait, pour qu'il osât les commander, un danger sérieux ou imminent.

M. Dauvin, le médecin en chef, lui avait bien fait observer qu'il devait venir à l'hôpital en tenue, ou y avoir du moins une redingote d'uniforme ; il lui avait répondu :

— Eh ! mon bon ami, voici trente ans que je fais mon service habillé comme je suis. Pourquoi diable changer ? Personne ne me reconnaîtrait plus, et, moi-même, je ne serai plus Reydellet si je me voyais dans un miroir affublé de tous ces galons d'or ! Laissons cela à la jeunesse. D'ailleurs, je touche à ma retraite ; permettez-moi d'y arriver en paix!

Il fut impossible de le sortir de là.

Le père Reydellet avait deux manies dont l'une faisait le désespoir des jeunes chirurgiens de troisième classe et dont l'autre comblait de joie les jeunes enfants blancs, café au lait ou négrillons de Saint-Denis. Parlons de la première. Il s'était forgé, sur la dysenterie des pays chauds, une théorie à lui. Cette maladie n'existait, disait-il, que dans le gros intestin : elle y produisait des ulcères gangreneux et se terminait par la perforation du côlon et la mort. Cette théorie, il avait à cœur de la faire triompher et adopter par les sociétés savantes, et toutes les fois que la tisane de riz et le bismuth ne guérissaient pas ces maudits ulcères (ce qui arrivait souvent chez le soldat revenant de Madagascar), il nous conviait à un régal d'un nouveau genre. Il nous fallait descendre avec lui à la salle d'autopsie, et en nous empoisonnant réciproquement (car les antiseptiques n'étaient pas connus en ce temps-là où on n'employait comme désinfectant que les solutions de chlore, un autre agent d'empoisonnement), nous recueillions l'intestin de ces pauvres diables pour e ranger dans de grands bocaux d'alcool, sur les parois desquels nous collions le procès-verbal de l'autopsie, et le tout était soigneusement adressé à M. le professeur Trousseau, membre de l'Académie de médecine, à Paris ; en sorte qu'au jour du jugement dernier, les pauvres soldats morts en Afrique auront à aller jusqu'en Europe à la recherche de cette partie de leur individu.

Ah ! si l'illustre Trousseau aimait les parfums du pays d'Ophir et d'Arabie, il devait être fort à plaindre en recevant ceux-là. Il eût fallu être furieusement épris de science pour leur faire bon accueil... Aussi, je dois dire que malgré les missives pressantes dont le bon père Reydellet accompagnait chaque envoi, jamais Trousseau ne lui donna cette satisfaction, vainement attendue, de lui accuser réception de ces colis nauséabonds. Mortifié de ce silence, M. Reydellet, sur les derniers temps, changea l'adresse de ses nouvelles expéditions et les envoya à MM. Monneret et Fleury, auteurs du Compendium de médecine pratique, nouvellement paru alors, mais qui n'avaient pas parlé dans leur livre — omission combien regrettable ! — de la fameuse théorie de papa Reydellet. Quant à nous, nous la savions par cœur, et chacune de ses autopsies nous ennuyait fort. Sans doute, faites dans un pays tempéré, dans des salles bien aérées, proprement tenues, où l'eau jaillit à flots, on se résigne à ces opérations-là, quoique dénuées de charmes, puisqu'elles sont une obligation de la profession; mais, pratiquées dans un méchant et étroit réduit, sans eau, sans lumière, avec une température torride, sans table en fer, sans infirmier de service, et quand, en un mot, l'indispensable faisait défaut, nous manquions véritablement d'ardeur et d'enthousiasme pour seconder notre illustre chef.

Sa seconde tocade était moins ennuyeuse ; vaccinateur en chef de la colonie depuis nombre d'années, il s'était voué sans réserve à cette tâche qui n'était pas inutile, car la Réunion a plusieurs fois été décimée de la manière la plus cruelle par la variole, importée par les coolies de l'Inde ou de Mozambique (1). Peu à peu, le désir de conjurer le fléau avait absorbé toutes ses autres facultés, et l'idée de vacciner, de revacciner encore, de vacciner toujours et quand même, était passée à l'état de manie chez M. Reydellet. Était-il à pied, allait-il en voiture visiter ses malades civils, il s'arrêtait ou faisait stopper son cheval

---

(1) Nom donné aux travailleurs de terre importés de ces pays.

devant tous les enfants qu'il rencontrait, si bien que son bucéphale ou plutôt son tardigrade avait fini par se planter, immobile comme un point d'interrogation, aussitôt qu'il rencontrait dans la rue un des marmots du chef-lieu. Et alors s'échangeait invariablement entre le négrillon ou la nounou accompagnant l'enfant, le colloque suivant:

— Eh! disé in peu, citoyen Pépé (1), pitit mait à vi, li bien vaciné?

— Oui, msié, li lé vaciné?...

— Vi lé bien sir ?...

— Oui, msié Rédelet!

— Allons, tant mieux!...

Et cinq minutes après, le premier enfant sorti de la case du coin était l'objet du même entretien.

— Tous vaccinés, tous à revacciner !

Tel était le rêve de ce brave médecin !... Mais c'était un rêve utile à l'humanité que le sien !... Il y en a tant d'entre nous, jaloux cependant au plus haut degré de leur indépendance et de leur liberté, qui se laissent envahir peu à peu et dominer à la fin par une idée tyrannique, dont ils se font les très humbles serviteurs, alors que

---

(1) — Eh! dites-moi un peu, citoyen Pépé (tous les anciens esclaves tenaient à orgueil, depuis 1848, de s'appeler « citoyens » c'est-à-dire hommes libres), votre petit maître est bien vacciné?

— Oui, Monsieur Reydellet, il est bien vacciné!

— Vous en êtes bien sûr ?

— Oui, Monsieur !

— Allons, tant mieux !

cette idée non seulement ne rend service à personne, mais est souvent funeste au genre humain! Mais, après avoir esquissé les principaux personnages de cette histoire, revenons à Melcherts.

IV

Pendant les premiers mois de son séjour à Saint-Denis, Melcherts continua à se montrer tel qu'il avait été à l'hôpital de Brest, exact, soumis et fidèle à son devoir; aussi, tout le monde l'adorait. Une fois par semaine, il était reçu dans la famille Le Kellec et il y était fêté et gâté; chacun souriait, du reste, à ce Chérubin du xviiie siècle, qui semblait redescendu tout nouvellement du cadre enguirlandé où Mignard l'avait portraicturé cent ans auparavant. Et quand, dans un de ces bals du Gouverneur, qui sont un des plus merveilleux spectacles qu'il m'ait été donné de contempler, Melcherts apparaissait l'épée au côté, dans son uniforme aux parements de velours vert, beaucoup de ces superbes créoles, dont les années respectent la nonchalante beauté, le dévoraient des yeux et auraient bien voulu faire leur page favori de cet enfant aux cheveux blonds et bouclés, aux lèvres de pourpre, à la taille féminine et à l'air si ingénu qu'on devinait sans peine une innocence vierge encore du souffle brûlant de la volupté.

Deux chemins différents s'offrent à tous les Européens et surtout aux fonctionnaires qui arrivent à la Réunion, aussi bien que dans nos autres colonies ; et suivant celui dans lequel ils s'engagent, leur existence est absolument dissemblable. S'ils préfèrent le monde, il leur est facile, grâce à leur titre et à leur uniforme, qui remplacent là-bas les recommandations, de se faire présenter dans les maisons les plus aristocratiques, ou chez les propriétaires les plus en renom de cette île, et d'y mener une vie fort agréable ; reçus avec une affabilité et une courtoisie extrêmes, on ne leur demande que de se bien tenir, de savoir causer, danser ou chanter ; en un mot, être aimables et, alors, toutes les portes s'ouvrent avec empressement devant eux.

Les nouveaux débarqués aiment-ils mieux s'affranchir des règles de l'étiquette et, éblouis par les côtés séduisants et sans façons d'un monde où l'on s'amuse, préfèrent-ils se mettre à la recherche des voluptés, de ce qu'on appelle le sixième sens ; recherchent-ils des intrigues amusantes, des changements à vue, il sont rapidement entraînés par une foule d'Armides se faisant un jeu d'enivrer et d'enchaîner à leur char triomphant de nouveaux adorateurs ? Et il faut le reconnaître, la pente est glissante ; tout prédispose, tout entraîne, tout convie à ces enchantements ; l'aspect d'un ciel radieux, le parfum enivrant des fleurs, le murmure de la brise du soir dans les sombres filaos, la beauté des femmes, leur pose théâtrale ou gracieuse, leur langage doux comme le miel, le son de leur voix, qui est une musique perpétuelle, égarent trop souvent la raison de celui qui voudrait les braver.

La mulâtresse, souvent plus blanche, du reste,

que nos filles du Midi, c'est Ève elle-même, l'éternelle Ève redevenue femme sur ces bords enchanteurs. Et son prestige est d'autant plus grand, son triomphe est d'autant plus assuré que, pour elle, la question d'aisance ou de richesse chez son bien-aimé est tout à fait secondaire. Il doit chercher à plaire, il faut qu'il plaise avant toute chose ; c'est en vain que, là-bas, un millionnaire jetterait dédaigneusement son mouchoir aux belles de la Réunion ; aucune d'elles ne le ramasserait, si le maître n'a rien de séduisant dans ses traits, sa tournure ou sa voix. Tel est, ou, du moins, tel était le demi-monde de là-bas, et ni la grâce, ni la beauté, ni l'élégance du costume, ni enfin une certaine retenue n'y faisaient défaut ; autant de charmes dangereux auxquels le nouveau venu se laisse souvent prendre comme un jeune oisillon se jetant étourdiment dans les filets du premier braconnier qui le guette.

Plus bas, infiniment plus bas, on rencontre à la Réunion, une troisième classe de la société, représentée par des Indiennes ou des femmes de couleur plus ou moins foncée, classe flottante, allant de droite à gauche, vivant au jour le jour, au gré de ses caprices et de ses besoins, sans éducation, sans mœurs et sans retenue, heureuse de happer au passage quelque blanc tombé dans la misère. Tant que la femme est jeune, elle surnage sur le flot mouvant ; mais quand l'âge arrive, elle est condamnée, le plus souvent, à disparaître dans la case d'un nègre brutal dont elle se fait la domestique, mais qui, abruti par le tafia, la roue de coups !

Hélas ! ce fut dans ce triste et dernier rang que le pauvre Melcherts alla chercher une maîtresse. Comment, par quelles circonstances fatales y fut-il conduit ?... Je l'ignore, car ceci lui était arrivé quelque temps avant mon arrivée.

Sa préférée était une petite femme au teint café au lait, aux yeux noirs, aux dents blanches, ne présentant guère qu'un minois chiffonné et éveillé, ce qu'on est enfin, là-bas comme ici, convenu d'appeler la beauté du diable. Les physiologistes ont souvent observé que ce sont les êtres les plus frêles qui inspirent les passions les plus vives. La acilité de sa conquête — il en fut ainsi pour Melcherts — le souvenir de ces premiers enivrements de la passion s'étaient-ils gravés en traits ineffaçables dans le cœur du jeune homme ? Peut-être, aussi, Melcherts, mièvre et délicat, était-il heureux de dominer un organisme inférieur au sien ! Quoi qu'il en soit, il était, dès le premier jour, tombé amoureux éperdu de Constance, car elle s'appelait ainsi. Or, jamais femme ne mérita moins qu'elle ce nom, dont elle était l'antithèse absolue, ayant été déjà la favorite de je ne sais combien de caporaux et de simples soldats du régiment d'infanterie de marine ou d'artillerie en garnison à Saint-Denis ; comme la *Musette*, d'Henri Mürger, c'était bien, elle aussi, la « Déesse de l'Infidélité ».

Tout d'abord, Melcherts n'osa point ouvertement s'afficher avec elle ; elle venait le soir le retrouver, et disparaissait le matin pour exercer, dans le jour, son métier de blanchisseuse ; au commencement, ses camarades ne s'alarmaient point de le voir les abandonner à la fin de la journée et se disaient que ce beau feu de paille, le premier de sa vie, s'éteindrait aussi vite qu'il s'était allumé. Hélas ! il n'en fut rien, et peu à peu, nous le vîmes, avec tristesse, s'éloigner de plus en plus de nous, fuir le monde où il avait été si bien accueilli et refuser les invitations de son chef direct. Constance avait englué notre pauvre ami et, fière de sa conquête, elle n'abandonnait plus sa chambre. Feignant de ressentir pour lui l'amour le plus vif et une ardente jalousie, elle l'envoyait chercher quand, à la fin des repas, retenus à notre pension par les pluies ou les tempêtes torrentielles de l'hivernage, nous faisions une partie de cartes. Peu à peu, son humeur gaie, son entrain disparaissaient. Il avait, au début de mon arrivée, criblé de ses railleries mon compagnon Roumelot, qu'il n'appelait plus jamais, en raison de sa rotondité et de son teint fleuri, que le père Gorenflot (1).

Le Champenois y répondait de son mieux par les lazzis en usage contre les pharmaciens et leur pièce humide, mais bientôt cette joyeuse polémique s'était éteinte. Melcherts, sombre, préoccupé, semblait être un étranger parmi nous ; il ne desserrait guère les dents et se hâtait de quitter la table aussitôt la fin des repas, c'est que la question « finances » commençait à le gêner. Ayant consenti une délégation de ses appointe-

(1) Du nom d'un personnage bon enfant, un moine qui joue un rôle important dans un roman célèbre d'Alexandre Dumas père, intitulé, je crois, *Les Quarante-Cinq.*

ments en faveur de sa mère, il ne lui restait point assez d'argent pour sa pension et pour faire vivre Constance, qui s'était de plus en plus cramponnée à lui !

L'infortuné, brûlé d'ailleurs par les aiguillons d'une jalousie effrénée et par le passé orageux de sa maîtresse, s'était refusé à lui laisser son ancienne liberté, et quand il s'éloignait, il la tenait sous clef; dans ces conditions, il lui fallait bien la nourrir et l'habiller, et une femme a beau, dans les pays chauds, ne revêtir que l'indispensable et ne vivre que de riz et de morue saupoudrés de poivre indien, il fallait encore dépenser quelque argent pour y pourvoir.

Constance lui persuada alors qu'en vivant lui-même à la mode des créoles, c'est-à-dire avec des brèdes et du riz le matin (1), du riz et un carry (2) de poisson, de tortue ou de volaille le soir, ils feraient de grandes économies, et il résolut de quitter ses camarades. Ce fut en vain qu'en voyant s'enlizer peu à peu dans ce précipice bourbeux, tant de jeunesse, d'heureuses facultés, et des promesses d'avenir si brillantes, nous essayâmes, les uns après les autres, de l'arracher à ce honteux esclavage; prières et remontrances furent vaines; rien ne put briser ses chaînes. Il voulait Constance pour lui seul, et le passé lui inspirant des soupçons trop bien fon-

---

(1) Les brèdes sont composées de feuilles de joutes, de belles dames et d'une sorte de morelle.

(2) Le carry est une sauce jaune au safran et au piment, très usitée là-bas.

dés sur sa vertu, il n'était tranquille que lorsque la clef de sa chambre était dans sa poche.

Si encore ce faux ménage avait joui d'une paix et d'une sérénité absolues?... Mais, jaloux de son ombre et ayant sans cesse à l'esprit le passé cascadeux de Constance, Melcherts lui faisait constamment des scènes affreuses, où, des mots injurieux, on passait aux coups, et la bataille était d'autant plus acharnée que les deux amants de tout à l'heure, ennemis un instant après, étaient de force à peu près égale; les cris perçants, les pleurs, les plaintes de Constance ameutaient tout le quartier et notre pauvre ami devenait ainsi la fable du voisinage.

Si seulement cette dame, haute en couleur, lui avait gardé la fidélité qu'elle lui avait tant de fois jurée?... Mais il n'en était rien, et dans la circonstance suivante, la jalousie de notre pauvre camarade fut soumise à une rude épreuve.

V

Un grand diable d'artilleur qui avait jadis été dans les bonnes grâces de Constance, avant qu'elle n'eût monté en grade, s'avisa, pendant la semaine de garde de Melcherts à l'hôpital, de rentrer dans ses petits papiers. Comment parvint-il à lui faire connaître sa flamme et à toucher son cœur, je l'ignore, mais c'était un si bel homme !... et d'ailleurs s'il y a un diable pour les amoureux, il y en a deux contre les filles bien ou mal gardées. Le moment était favorable. Pendant que Melcherts restait à l'hôpital, Constance, forcée d'aller aux provisions, n'était pas sous clef. Or, il advint qu'un beau soir, poussé par un pressentiment et mordu au cœur par la défiance, Melcherts, abandonnant sa garde, revint brusquement au logis et, trouvant la porte fermée, frappa pour rentrer chez lui; un certain bruit s'y fit entendre, et, au bout de quelques minutes, la porte s'ouvrit tout d'un coup et d'un bond, une forme humaine s'élança dans l'escalier, heurta notre petit pharmacien et le renversa en passant comme une trombe; mais notre ami, malin comme le sont les gens qui ne sont pas carrés par la base et qui ont besoin de suppléer à la force par la finesse, eut le soin de cueillir au passage le pompon du schako de son rival.

Il n'y avait plus de doutes possibles pour l'infortuné Melcherts, il avait entre autres rivaux préférés, un artilleur; la porte fermée, l'irruption soudaine de ce militaire enfui sans laisser sa carte, le pompon accusateur qui lui restait dans les mains, tout enfin, lui montrait la légèreté et l'ingratitude de Constance, et l'occasion était belle pour lui rompre sa canne sur le dos et encore mieux pour rompre définitivement aussi avec elle. Tout autre amant eût agi de la sorte, semble-t-il! Eh bien, Melcherts s'y prit tout autrement.

On dit avec raison que la colère est mauvaise conseillère et malgré tous nos conseils réunis, ce fut elle qui le guida uniquement en cette circonstance. Furieux, blessé mortellement dans son amour-propre, hors de lui, il épuisa d'abord sa rage sur Constance et la battit cruellement; mais cette fois, la fine mouche ne se défendit point, se contentant de lui dire à chaque coup reçu : « Né point la faute à moè! Né point la faute à moè! » Si bien que, las de frapper, Melcherts finit par lui demander l'explication de ces paroles, et alors Constance, quoique prise en flagrant délit, soutint que ce soldat, qu'elle ne connaissait point, était entré chez elle, la porte n'étant pas fermée, avait poussé le verrou et avait voulu la violenter sans pouvoir y parvenir et qu'heureusement, lui, Melcherts, était venu à temps pour la sauver.

Et ce conte à dormir debout trouva créance auprès de notre camarade. Avec mille protestations, mille serments d'amour, en buvant les pleurs de rage que la jalousie faisait jaillir des yeux de Melcherts, en se traînant à ses genoux et jurant ses grands dieux qu'elle n'était pas coupable, il devint hésitant, écouta sa voix de sirène, se laissa cajoler, embrasser, consoler. On avait, en ce temps, la coutume, à la Réunion, quand on demandait à une femme à faire un serment solennel, de la faire jurer sur la tête de sa mère, en sorte que notre pauvre camarade à demi convaincu par l'argumentation pressante de Constance, finit par lui dire :

— Si vi di wai(1), jiwez, Constance, su le tête à vot'maman?

— Oui, Melsser (2), mi di la vé ité, mi zuvé su le tête à mama!

---

(1) Les créoles ne prononcent pas les *r*, et les remplacent par un double *v*.

(2) De même pour le *ch*, absolument réfractaire en patois de la Réunion.

Le lendemain, notre camarade, le cœur gros en nous racontant sa piteuse histoire, voulait à toute force aller trouver le Commandant de l'artillerie de la place et le prier, à l'aide du pompon révélateur, de trouver le coupable. Lancé sur cette piste, il tenait absolument à se venger et se flattait de faire passer au conseil de guerre l'artilleur qui s'était, par force, introduit chez lui pour abuser de sa chaste Suzanne.

Nous eûmes toutes les peines du monde à lui faire comprendre que cette recherche du schako allait devenir, une fois ébruitée, la fable de la colonie et, de toutes façons, le couvrir de ridicule, qu'à coup sûr, le Commandant de l'artillerie n'allait point ouvrir une enquête sur ce point, que d'ailleurs Constance n'étant point sa femme légitime, il n'avait point le droit de provoquer ni de demander cette enquête et qu'enfin, s'étant échappé de l'hôpital le soir, le laissant sans pharmacien toute la nuit, son intérêt était de rester bouche close, sinon la moindre punition qui lui serait infligée serait une quinzaine de jours d'arrêts forcés !

Cette dernière considération le toucha plus que tous nos autres raisonnements; la seule idée de perdre de vue Constance, pendant quinze jours, de ne pas pouvoir veiller sur sa vertu la défendre au besoin (il en était rendu là, le malheureux !) contre les entreprises de la garnison, car, dans chaque soldat, après son histoire, il devait soupçonner un rival, le fit céder à nos instances et renoncer à son projet de porter plainte. Seulement, depuis cette époque, il ne fallait pas prononcer devant lui le mot de pompon. Cela suffisait pour le mettre en fureur et Roumelot l'asticotait à son tour !

Quelque temps après, le voyant dès ce moment là vivre seul, plus que jamais pour garder Constance et sa vertu sous clef et s'écarter de nous sans entrevoir l'abîme où il glissait de plus en plus chaque jour, trois d'entre nous, Laure, Aurran et moi, nous nous décidâmes à lui présenter amicalement quelques observations. Cette affection sans cesse tenue en haleine par une jalousie atroce l'absorbait de plus en plus. On ne le voyait plus qu'au service; à peine ses médicaments préparés et distribués, il avait hâte de retourner à son logement et on ne le rencontrait plus que le soir, à la nuit, se glissant, accompagné de sa maîtresse, dans les environs de Saint-Denis. Toutes les portes lui étaient fermées, ses chefs ne lui parlaient que durement et seulement pour les besoins de l'hôpital; de plus, à diverses fois, en nous approchant de lui, nous remarquâmes que son haleine empestait le rhum. Le malheureux buvait! D'autres signes observés chez lui, son regard éteint, le tremblement de ses mains, sa parole hésitante, ses colères soudaines, ses jurements contre les infirmiers, nous avaient révélé ce nouveau défaut. Alors, nous n'hésitâmes plus. Nous devions sauver notre jeune camarade, l'arracher à cette femme vampire, qui allait lui faire descendre un à un tous les échelons du vice. Nous résolûmes donc d'essayer de le raisonner et de l'adjurer une fois encore de se détourner de ce chemin fatal, de s'arrêter quand il en était temps encore et de ne plus s'abandonner à cette double passion, l'ivrognerie et l'amour d'une créature indigne !...

VI

Nous ne voulions pas aller chez lui, où Constance, de moitié, sans aucun doute, dans ses nouvelles habitudes, se serait mise en travers de nos efforts ; nous résolûmes donc d'avoir un entretien avec lui, dans notre salle de garde, le matin, quand tous nos chefs seraient sortis de l'hôpital. Il consentit à s'y rendre et, en nous voyant tous les trois :

— Tudieu, messieurs, fit-il, en reprenant sa bonne humeur des anciens jours, quelle mine sérieuse vous avez revêtue ? Est-ce donc devant un tribunal que nous avons à comparaître et quelle funeste sentence avez-vous à me lire ?...

J'avais été chargé par nos amis de prendre la parole en leur nom.

— Non, non, ami Melcherts, ce ne sont point des juges, mais de bons camarades, qui vous supplient de les écouter un instant !

— J'aimerais bien mieux m'en aller !... mais enfin, devant votre insistance, parlez... je vous écoute !

— Vous savez, mon cher Melcherts, que nous n'avons aucune animosité, aucun sujet d'irritation contre vous ; l'intérêt n'est pas non plus le mobile qui nous a fait prendre cette initiative.....

— Bon Dieu ! mes maîtres !... que de détours !...

de précautions oratoires!... De grâce! arrivons au fait!...

— Nous tenions à vous bien faire comprendre, tout d'abord, que nous sommes de bons collègues n'ayant en vue que votre propre bien.

— Je vous crois... je dirai même, j'en suis sûr, mes bons camarades! Mais je vous vois venir... allez!...

— Eh bien, laissez-nous vous dire, Melcherts, que depuis trois mois, nous vous voyons avec peine vous détacher de nous de plus en plus. Vous vivez à l'écart, vous avez abandonné notre pension?

— C'est par motif d'économie.

— Sans doute, mais qu'en est-il résulté?... Que vous avez remplacé le vin, cet aliment naturel aux Français, par une boisson spiritueuse, le rhum et peut-être du mauvais rhum? Vous avez glissé sur cette pente et vous... officier... fils d'officier, vous oubliez quelquefois la dignité que notre grade impose...

Pendant que je parlais ainsi, une rougeur subite monta au visage de Melcherts. Il le couvrit de ses deux mains.

— Par grâce, arrêtez-vous sur cette pente? Mieux que personne, vous savez où elle vous conduira? A la honte, à la mésestime de vous-même, à l'oubli de tous vos devoirs. Déjà, vos chefs s'éloignent de vous... rompez avec ces habitudes qui détruiront votre santé et votre intelligence... Que dirait votre mère si elle voyait son fils déchoir ainsi?...

— Ma mère!... Oui, vous avez raison, il est

temps d'enrayer et je le voudrais bien... mais comment?...

— Il faut, repris-je, revenir avec nous à la pension et renoncer à tout jamais aux liqueurs fortes!

— Mais, je dois de l'argent à Poux... il ne voudra pas me reprendre?...

— N'est-ce que cela?... Eh bien!... vous consentirez à une délégation de 20 francs par mois vis-à-vis de lui et, avec cette transaction, vous reviendrez parmi nous. Laissez-nous arranger cela. Nous lui ferons entendre raison, et, sans que vous ayez le soin d'en parler à Poux, vous reviendrez parmi vos camarades, dont vous étiez l'enfant gâté. Voyons, réfléchissez... Est-ce une affaire entendue?

— Oui. Je vous promets de me corriger et je vous remercie de tout cœur d'agir en aussi bons camarades.

— Nous serions si heureux de retrouver notre Melcherts d'autrefois?... Mais ne faisons pas les choses à demi. Nous avons encore à vous faire une autre demande. Vous vous rendez bien compte, n'est-ce pas, de la cause première de votre scission d'avec nous? Par faiblesse de cœur, vous vous êtes laissé entraîner et peu à peu. dominer par une femme que nous n'avons point à juger ici, mais qui, réellement, est trop au-dessous de vous pour qu'il soit possible à votre affection de la relever jusqu'à vous. Qu'en est-il advenu? Ce faux ménage vous a fait déchoir par une pente insensible, et vous voyez où vous en êtes arrivé?.... Vous étiez en chemin de perdre l'estime de tout le monde et de vous-même!... Melcherts, il faut vous séparer d'elle!...

— Demandez-moi tout, excepté cela. Ce que vous exigez est impossible. Constance est ma première affection, je n'y puis renoncer!

— Ami Melcherts, nous le savons, ce qui est sentiment ne se raisonne pas. Mais, cependant, cette nécessité de la séparation s'imposera avant peu pour vous. Il vous faudra, dans deux ans, retourner en France où vous serez rappelé. Qu'importent quelques mois plus tôt?

— Devant la nécessité, je m'inclinerai. L'homme est le jouet des événements! Mais la quitter auparavant?.. volontairement? Jamais!...

— Vous comprenez bien cependant où vous conduit l'amour fatal qui s'est emparé de vous! Vous voilà criblé de dettes; il vous faut loger, habiller, nourrir cette femme, et plus elle se sentira la maîtresse indispensable, plus elle deviendra tyrannique, plus elle exigera de vous! Où prendrez-vous l'argent nécessaire à ses goûts, à ses caprices? Vous ferez des billets! Mais on refusera probablement votre signature. Et, d'ailleurs, quand viendra l'échéance, comment ferez-vous pour les payer? Vous portez un nom honorable.... Que va-t-il devenir?

— Eh bien! nous vivrons avec du riz, des brèdes et des bananes!

— Vous, peut-être... elle, non ; elle ne voudra pas plus se passer de carry de poule ou de poisson que de robes? Etes-vous donc aveugle volontaire? Depuis trois mois que vous vivez seuls, avez-vous payé une seule de vos dettes?

Il fit un signe négatif et baissa la tête.

— Au lieu de cela, le fossé s'est creusé... et vous l'avez si bien compris et vous savez si bien que vous laisserez dans cet abîme bonheur, réputation, honorabilité, appointements, que, pour ne pas en voir le fond, vous vous êtes mis à boire pour vous étourdir, pour ne pas voir votre abaissement et votre dégradation. Est-ce vrai ?

— J'en conviens!

— Eh bien! alors, écoutez la voix de vos amis qui vous disent : « Reprenez-vous ! Comment pouvez-vous hésiter un instant entre cette femme, dont nous ne voulons pas vous dire de mal, et votre sainte mère, sans compter le devoir, l'honneur et votre position d'officier à sauvegarder?

— Il n'y a aucun de ces raisonnements, mes bons amis, que je ne me sois pas fait à moi-même. Il y a des moments, voyez-vous, où je me méprise horriblement, me sentant enlizé dans un gouffre où j'enfonce de plus en plus. Mes illusions sur Constance se sont effeuillées une à une. Je ne puis l'estimer et je ne puis m'en détacher. Je n'en ai pas le courage. Je ne puis pas, je ne puis pas, s'écria-t-il en sanglotant!

— Nous ne vous aurions pas, mon pauvre Melcherts, parlé de l'indignité de Constance si vous-même ne veniez pas de traiter cette question ! Comment ? vous savez qu'avant vous, c'était une femme dévergondée, s'offrant à tout venant, et elle vous tient au cœur tant que cela ? Admettons qu'alors, la misère pouvait être son excuse..... Mais plus tard, par inclination vicieuse, obéissant à de mauvais instincts, entraînée par le plaisir de la duplicité et celui de nouer une intrigue, de vous tromper, en un mot, uniquement pour cela et non par besoin, puisqu'avec vous elle était à l'abri de la faim, elle vous a donné des rivaux dans la garnison et vous pardonnez encore ?... et au lieu de briser des liens odieux, vous les resserrez de plus en plus, et vous voilà pris plus que jamais dans ses filets ?... Mais c'est de la démence, en vérité. C'est à se demander ce qui se passe en vous !

— Oh ! je comprends votre indignation !... Mais je ne puis vous expliquer ce que je ressens au fond de ma conscience ! Oui ! par moments, je la hais et vois en elle un vampire qui boira tout mon sang, et ne me laissera que la honte et le désespoir ! Je rougis alors de moi-même et je me méprise plus que je ne puis le dire. J'ai envie de la battre, de la tuer, oui, de la tuer, pour être délivré, une fois pour toutes, de l'influence néfaste qu'elle exerce sur moi, car tout ce que vous dites est vrai; elle est indigne de l'amour d'un honnête homme... Mais ce réveil de la raison ne dure que quelques instants. Et ces envies féroces que j'ai de l'étrangler pour me débarrasser de sa domination, pour me venger des tortures jalouses que je subis par elle, se devinent sans doute dans mes yeux, car alors les siens se font plus doux, plus veloutés que jamais, elle m'enserre dans ses bras, elle me parle doucement et me berce comme un enfant malade ; elle me fascine, m'enivre et j'oublie que je la méprise, que je la hais... oui, que je la hais !... pour l'adorer encore davantage un instant après !...

Et comme nous nous taisions, effrayés de la violence de ces sentiments à la fois si vrais et si tristes, il reprit :

— C'est épouvantable à dire, mais Constance, voyez-vous, c'est mon compagnon de chaîne et d'esclavage ; je suis rivé à elle, et la mort seule me délivrera de son empire. Je l'exècre, je la méprise en me méprisant moi-même et je ne puis m'en passer ! Je la veux telle qu'elle est, avec ses défauts et ses vices, qui peu à peu s'infiltreront dans mes veines et me dévoreront à mon tour ! Mon Dieu, que je suis donc à plaindre, et je ne vous dis pas tout, s'écria-t-il, les yeux pleins de larmes de honte... Oui, quand pour me punir de mes accès de dégoût, elle me refuse ses caresses, c'est moi, moi, le plus lâche des hommes, qui me traîne à ses pieds ; c'est moi qui embrasse ses genoux et mendie, repentant et humilié, ses faveurs ; c'est elle, en un mot, elle, femme indigne, qui daigne m'accorder enfin son pardon !

Et pendant que nous frémissions, impressionnés au dernier point par cette explosion de colère farouche et de passion éhontée, il continua :

— Allez !... Abandonnez-moi, mes pauvres amis, à mon triste sort... Tout ce que vous m'avez dit, la voix de ma conscience me l'a répété avant vous. Elle me le reproche à chaque instant !... Mais, au point où j'en suis réduit, il n'y a que la mort qui me débarrassera de son pouvoir funeste. J'ai bu déjà bien des hontes et j'en boirai encore jusqu'à la lie. Vainement, je vous promettrais de m'en séparer ; une heure après, je la rappellerais et elle me dirait : « Viens ! » que je volerais vers elle ! C'est la sirène du fond des eaux, berçant le voyageur naïf par ses charmes enivrants, avant de l'engloutir dans le fond des mers. Merci donc, amis, mais abandonnez-moi à ma destinée et plaignez-moi, car, par moments, voyez-vous, les damnés ne souffrent pas autant que moi !...

. . . .

Et nous nous retirâmes désolés. Tous les jours on peut, sans le savoir ou sans s'en douter, donner son cœur et son âme (les véritables amours ne vont guère l'un sans l'autre) à une personne qui joue avec nous la comédie de la passion ; mais quand nous apprenons son indignité, le mépris fait bien vite place à l'affection. Melcherts, dans un moment d'expansion, avait avoué qu'il n'ignorait en rien la fourberie de Constance et, mordu par cette couleuvre, il se plaisait à la garder sur son cœur, en témoignage vivant de la vérité profonde de ce vers d'Alfred de Musset :

Et plus on est blessé, moins on en veut guérir !

On croit là-bas, à la Réunion, peut-être encore plus qu'ailleurs, à des charmes invincibles, à des philtres mystérieux dont les nègres venus du fond de l'Afrique connaissent les secrets et qu'ils font boire sans en rien dire, aux blancs, tantôt pour les faire périr lentement sans que le poison laisse aucune trace et puisse être révélé par la chimie, tantôt pour provoquer l'imbécillité ou la folie chez les maîtres dont ils veulent se venger. D'autres breuvages donnent, dit-on, le pouvoir de se faire aimer avec idolâtrie ou procurent des rêves extatiques laissant bien loin derrière eux les réalités terrestres, et, en nous séparant, nous nous demandions si cette drôlesse de Constance n'avait pas, elle aussi, usé d'un philtre tout puissant pour enchaîner à jamais le cœur de ce bon et malheureux Melcherts que nous jugeâmes irrémédiablement perdu !

VII

Peu de temps après, je partais pour aller remplacer, à Mayotte, un autre chirurgien de troisième classe, et c'est là que je devais, à l'expiration de mon année de garnison, retrouver ce pauvre camarade, le Chérubin du jour de mon arrivée, devenu alcoolique invétéré un an après !

Pendant cette année-là, le pauvre garçon s'était, en effet, de plus en plus embourbé, disons le mot, encanaillé ! Le matin, ça allait encore : sa tenue était convenable et il faisait son service tant bien que mal ; mais le soir, influencés par le tafia que sa maîtresse et lui buvaient, faute de pouvoir acheter du vin, tous les deux étaient déplorablement gris. Au début, ils mettaient beaucoup d'eau dans leur mauvais rhum, mais, peu à peu, lancés sur cette pente insensible, dont les alcooliques n'ont pas la moindre conscience, Constance et lui, devenus dipsomanes, en avaient mis de moins en moins ; à vrai dire, leur méchante nourriture étant insuffisante pour soutenir leurs forces, ils demandaient une excitation factice à cette boisson spiritueuse qui, dans les premiers moments, leur avait procuré contentement et gaieté, mais qui, le soir, avec les libations multiples de la journée, les faisait tituber et bientôt les plongeait dans ce coma momentané que les Latins avaient si bien caractérisé par le mot de *crapula*, d'où notre mot français « crapule » dont nous avons fait, par extension, un adjectif.

On s'étonne parfois, mais à tort, de la durée et de la solidité des liens qui unissent, l'un à autre, un homme et une femme dégradés et tombés dans la misère ou dans le crime, mais de même qu'il est des forfaits qui unissent et enchaînent, pour ainsi dire, certains malfaiteurs, parce qu'ils les ont commis ensemble et qu'ils sont marqués tous deux comme au fer rouge par cette flétrissure (1), de même certains vices ou défauts enchaînent étroitement deux personnes, qu'un caprice ou des circonstances fortuites ont réunies. Un mari morphinomane n'a pas de repos et de contentement qu'il n'ait fait partager à sa femme sa passion pour la morphine ; de même, Melcherts, en voyant sa maîtresse boire avec avidité le tafia des nègres, suivit, sollicité par elle, son fatal exemple et bientôt ne garda plus de mesure ! Et puis, quand on a mis le pied dans l'abîme, il est rare que la tête ne perde pas l'équilibre à son tour. Peut-être aussi trouvait-il dans cette ivresse le moyen de s'étourdir et de se mettre à l'abri des reproches que lui faisait sa conscience.

---

(1) Après l'assassinat de Gouffé, Eyraud se fait accompagner dans ses lointains voyages par sa complice d'un jour !...

Sa dégradation morale lui était moins sensible et il anéantissait ainsi toute velléité de remonter à la surface du gouffre, où devoirs, souvenirs du passé, dignité, comparaison avec le présent, avaient à la fois disparu !

A la fin (et il devait en être ainsi fatalement sous l'influence de ce milieu déplorable), Melcherts détaché de plus en plus et bientôt tout à fait de ses camarades et de toute vie intellectuelle, finit par faire sa compagnie des connaissances de Constance !... Il se complut dans une société dont il était le héros et où on l'écoutait quand les fumées de l'ivresse n'effaçaient pas encore les distances. La case était le rendez-vous de cinq ou six négrillonnes ou mulâtresses, anciennes camarades blanchisseuses de Constance. Et le soir, tout ce monde-là fumait, jouait aux cartes, chantait, buvait et tutoyait Melcherts !

De temps en temps, quand le scandale ou la négligence dans le service devenaient trop grands c'est-à-dire quand notre camarade répondait à ses chefs ou oubliait leurs prescriptions, il recevait quelques punitions, mais il faisait bien en sorte que cela n'arrivât pas trop souvent, car les arrêts à l'hôpital, c'était ne plus voir Constance et les mille serpents de la jalousie auraient, pendant ce temps-là, mordu Melcherts au cœur. C'était bien assez de la semaine de garde qui lui arrivait une fois par mois. Pour calmer ses tourments, il exigeait que Constance vînt le voir trois fois par jour, en dehors de l'hôpital, sur la place qui s'étend de cet édifice à la rue du Barachois.

Un événement malheureux contribua encore

plus à plonger le pauvre garçon dans la misère. Constance devint grosse. S'il n'avait pas été dominé par ce défaut de l'alcoolisme, peut-être cette pensée d'avoir un enfant l'eût-elle sauvé et fait reculer de quelques pas en arrière en le faisant réfléchir aux nouvelles nécessités qui allaient lui incomber. Cette paternité aurait pu réveiller chez lui quelques bons sentiments susceptibles de le ramener au bien. Hélas ! il n'en fut rien. L'usage de l'alcool rétrécit et racornit le cœur comme il rétrécit et racornit les artères ! C'était décidément un homme perdu et ses chefs le jugèrent ainsi quand ils le virent, après la naissance de son petit garçon, aussi abruti, aussi négligent qu'autrefois dans son service.

D'autre part, les arrêts sur ses appointements pleuvaient de tous côtés ; les billets signés par lui n'étant pas payés à leur échéance, ses fournisseurs l'accostaient dans la rue et lui demandaient tout haut, sans se gêner, le paiement de leurs denrées. Melcherts était traqué, tracassé de toutes parts et forcé, pour venir à l'hôpital, de faire de longs détours en passant le long de la rivière, afin d'être moins en vue ; décidément, son séjour à Saint-Denis n'était plus possible ; aussi accueillit-il, sinon avec plaisir, du moins avec un certain soulagement, l'ordre du Gouverneur qui, sur la demande du médecin en chef, M. Dauvin, l'envoyait à Mayotte remplir pour un an les fonctions de pharmacien. Cet excellent homme avait en effet pensé que le meilleur moyen pour Melcherts de payer ses dettes était de le diriger sur Dzaouzi (1),

---

(1) Nom du chef-lieu de Mayotte.

où il aurait un supplément de solde et aucune occasion, croyait-il, de dépenser ses appointements. Enfin, et c'était là le point le plus important, il serait éloigné de Constance et, sous la surveillance étroite de ses nouveaux chefs, on espérait qu'il se corrigerait par force de ce penchant à l'ivrognerie dont il avait maintes fois, depuis un an, donné des preuves trop visibles. Un an après, je devais le retrouver à Mayotte et je reparlerai dans un autre volume de ce pauvre camarade.

CHAPITRE III

UNE PÊCHE AUX CAMARONS.

Ainsi que je l'ai dit au début de ce livre, l'île de la Réunion, considérée dans son ensemble, n'est pas autre chose qu'une montagne sourcilleuse, très élevée, composée d'une foule de pics, se pressant les uns contre les autres et séparés par autant de vallées peu profondes.

Cette montagne a-t-elle surgi brusquement du sein de la mer dans une convulsion soudaine et terrible en même temps que l'île Maurice appelée jadis île de France et les îles Rodrigues, ses voisines?... On l'ignore, mais cette hypothèse est probable, la Réunion contenant encore aujourd'hui un volcan en pleine activité qui rejette sans cesse des torrents de lave en fusion, en sorte que là-bas, on peut, si on le désire, se donner le spectacle peu banal d'un volcan en ébullition. Néanmoins, je me hâte de le dire, c'est là un bon petit volcan se mettant rarement en colère et se contentant d'exhaler un peu tous les jours sa mauvaise humeur sans faire trop de bruit dans le monde!

Il serait possible, d'autre part, dans une autre hypothèse, que Madagascar et les Mascareignes (c'est-à-dire La Réunion, Maurice et Rodrigues qui ont été appelées ainsi du nom du navigateur portugais qui découvrit ces îles), aient fait partie, à une époque très reculée, aux temps préhistoriques comme on dit, du continent Sud-Africain et aient été les sommets culminants d'un immense plateau englouti en partie dans la mer et dont les pointes ou sommets émergent encore de la surface de l'Océan Indien. Le volcan de la Réunion sans cesse en activité expliquerait jusqu'à un certain point cet écroulement gigantesque analogue à la disparition de l'Atlantide des anciens, après de violentes secousses souterraines pareilles à celles dont la Martinique a été récemment la victime.

Quoi qu'il en soit de son origine, plutonienne ou non, cette pyramide aux arêtes rapides et très élevées se compose d'une foule d'autres suspendues à ses flancs formant des pics sans nombre séparés par des vallées dont chacune est arrosée par un ruisseau qui est entretenu l'été par la fonte des neiges en couronnant le sommet ; ce ruisseau descend alors avec lenteur vers l'Océan en formant çà et là de petits lacs qu'il semble quitter à regret. L'aspect est tout autre pendant l'hivernage ; alors des pluies torrentielles tombant du ciel en véritables cataractes, le grossissent démesurément et en quelques heures ce modeste ruisseau, devenu un véritable fleuve au cours impétueux, emporte tout sur son passage, humbles cabanes des noirs aussi bien que rochers énormes détachés des flancs de la montagne et entraînés comme un fétu de paille soulevé par un vent violent. En sorte que le calme revenu dans la saison sèche, on est stupéfait de retrouver ces témoins de la violence et de l'impétuosité incroyable des eaux. Là où, hier, il n'existait aucun désordre, on trouve après l'hivernage, des rochers d'un seul bloc, gros comme une maison, descendus bien loin de là, détachés des flancs du piton voisin, ainsi qu'on les nomme là-bas. Et plus on descend vers le littoral, et plus le nombre de ces témoins d'un cataclysme effrayant est considérable. C'est ainsi qu'entre Saint-Pierre et Saint-Paul, il existe un immense espace où les galets et les rochers descendus des montagnes lointaines se sont tellement amoncelés qu'ils forment une pointe, une sorte de promontoire s'avançant bien avant dans la mer et y ayant formé, avec le temps, une sorte de digue solide résistant à ses fureurs, qu'on appelle la Pointe aux Galets et où on a eu l'ingénieuse idée de creuser un port assez profond pour qu'une flotte puisse s'y mettre en sûreté à l'abri des tempêtes et des raz de marée si fréquents dans ces parages.

La rivière de Saint-Denis descendant des collines qui dominent la ville, débouche aussi dans la mer, mais sans avoir des dimensions aussi considérables et offrir une impétuosité aussi grande. Elle a cependant, elle aussi, ses rives couvertes sur une certaine étendue, de milliers de galets dont quelques-uns ont un volume énorme et ont été entraînés et semés çà et là par la violence des eaux. Dans l'espace de quelques heures, ce mince filet d'eau devient pendant l'hivernage un torrent large de deux kilomètres roulant ces galets vers la mer et les abandonnant selon ses caprices. Pendant l'été, ce large lit de la rivière de Saint-Denis se dessèche et son trajet ne se dessine plus de distance en distance que par des flaques d'eau limpide où les nègres et les négresses viennent en chantant laver leur linge et celui des autres.

Notons en passant leur singulière façon d'y procéder. Blanchisseurs et blanchisseuses savonnent tout d'abord le linge en le foulant aux pieds; piétinent ferme dessus et enfin le saisissant avec les mains, ils le jettent à tour de bras sur quelque rocher plat où boutons et coutures sont promptement désorganisés, déchirés, bref mis en lambeaux. On comprend la stupéfaction de l'Européen assistant de loin pour la première fois à ce spectacle curieux, mais mortel pour son linge de corps.

En remontant le lit de cette rivière de Saint-Denis, on arrive à quelques kilomètres de là, à l'entrée d'une gorge profonde où le ruisseau se resserre entre les deux montagnes où il s'est frayé un passage, mais en laissant çà et là de larges intervalles où poussent des massifs de jamerosas, de manguiers sauvages, de filaos et de ces lianes verdoyantes et touffues aux fleurs délicates et de nuances adorables. Plus loin, une des rives est escarpée, rocheuse et nue, tandis que sur l'autre, l'onde transparente et cristalline caresse doucement le sable du rivage; enfin, de distance en distance, le ruisseau semble dormir en formant un lac tranquille, où se réfléchissent les parois et les saillies de ces montagnes basaltiques et le feuillage sombre des arbres poussant vigoureusement dans leurs anfractuosités.

Dans ces gorges que le martin-pêcheur traverse

rapidement en jetant son cri perçant et en laissant derrière lui, dans l'espace, un sillon d'azur, aucun bruit du dehors ne se fait entendre; on se croirait dans une thébaïde de la Haute-Egypte. Un solitaire y eût volontiers, à l'abri d'un rocher creusé par l'érosion incessante des eaux, fixé sa demeure et mieux encore, deux amoureux adoreraient ces retraits mystérieux pour y oublier le reste du monde et y trouver l'ineffable félicité à deux; Plus prosaïquement, des créoles passionnés pour tous les exercices du corps, la pêche, la chasse et la baignade aiment à venir aussi jeter leurs filets dans ces flaques d'eau où la rivière en certains endroits profonde semble dormir paresseuse pour disparaître un peu plus loin en s'infiltrant dans le sable doré. Ils y pêchent quelques goujons et surtout des camarons (c'est ainsi qu'on appelle là-bas les écrevisses), et ce fut à une partie de ce genre que je fus, un beau jour, invité par le fils de ma propriétaire Mme Binan, un bon jeune homme avec lequel mes lecteurs voudront bien faire connaissance.

Mme Binan, créole de vieille race que faisait largement vivre la location de nombreuses maisons en bois bâties dans un vaste emplacement ombragé par les grands arbres dont j'ai parlé précédemment, n'avait qu'un fils entré, comme la plupart des jeunes gens de Saint-Denis, dans les bureaux du commissariat de la marine. Ce n'était pas sans doute une occupation très lucrative, mais elle suffisait pour l'occuper. Le jeune créole très sobre, dépensant très peu, ne vivant guère que de riz, de carry, de poisson et de ces fruits si variés et si délicieux des tropiques, embrasse, préférablement à toute autre, cette carrière qui n'exige ni une instruction très approfondie, ni des efforts intellectuels démesurés, dans les bas grades du moins. Il y débute comme expéditionnaire, devient écrivain, passe un examen pour devenir commis de marine au galon d'argent et ayant dès lors le pied dans l'étrier, il arrive tout doucement, par la force des choses, des années et grâce à ce besoin de paperasser coutumier de toutes nos administrations, aide-commissaire et enfin sous-commissaire à deux et à trois galons, grades qui pour la plupart d'entre eux constituent leur bâton de maréchal. Seulement ces jeunes gens ont cet immense avantage d'écouler leur carrière entière dans leur pays natal, dans leurs familles, près de leurs amis, en jouissant d'un climat jadis (1) enchanteur et en coulant des jours tissés de soie et d'or. N'est-ce pas là le plus grand des bonheurs trop peu connus, mais vantés par Sainte-Beuve, je crois, dans ce beau vers :

« Naître, vivre et mourir dans la même maison ! »

Mais revenons à notre jeune créole !... A vingt ans deux jeunes gens voisins l'un de l'autre et se rencontrant plusieurs fois par jour, ont vite fait connaissance ; or la chambre de M. Binan était vis-à-vis de la mienne. Toutes les deux formaient deux petits pavillons précédant une case plus grande composée de deux pièces occupées

---

(1) Il en était ainsi à cette époque, mais il paraît qu'aujourd'hui, la Réunion n'est plus la terre fortunée d'antan.

par un troisième commensal de Mme Binan, M. Laude, juge auditeur à la cour de Saint-Denis et comme moi, commensal et habitué de la pension Poux, l'ancien gendarme dont j'ai parlé plus haut.

Quand retiré, le soir, dans ma chambrette, je m'occupais à écrire quelques lettres ou à piocher mes livres de médecine, je laissais porte et fenêtre ouvertes, redoutant la chaleur plus que les voleurs dans ce bienheureux pays. Or, je m'étais aperçu plus d'une fois que mes deux voisins n'engendraient point de mélancolie et s'étaient encore moins voués à un célibat rigoureux. Un froufrou de robes et de jupons, un chuchottement de voix féminines, quelques éclats de rires étouffés avec peine m'avaient révélé que les grands arbres dont les branches, s'enchevêtrant capricieusement au-dessus des allées du jardin et protégeant pendant le jour nos cases, des feux ardents du soleil, abritaient également le soir des couples amoureux et après un mois de séjour j'avais noué, avec le plus grand plaisir, connaissance avec mes voisins et voisines.

Il est bien rare, lorsqu'on est jeune et amoureux, qu'on soit d'une discrétion à toute épreuve; on est si heureux d'aimer et de se croire aimé que grisé par le bonheur, on vanterait volontiers à la terre entière, la grâce et les mille et une perfections dont notre affection se plaît à parer l'objet chéri. Un peu plus, on serait prêt à rompre en champ clos des lances en sa faveur et son bonheur, on le proclamerait devant tout l'univers. Un amour secret, tenu caché à l'abri de tous les regards perdrait, pour la plupart des hommes, la moitié de ses attraits. D'autre part, il est beaucoup d'hommes qui se font gloire d'étaler leurs conquêtes et se parent d'une maîtresse comme on se glorifie de la possession d'une belle voiture, d'un superbe cheval ou de la livrée de ses domestiques.

Au bout de quelques jours, j'étais initié à la vie intime de mes deux voisins et j'avais fait connaissance avec leurs dames *in partibus fidelium* et peut-être, *infidelium.* Les lignes qui vont suivre procureront à mes lecteurs le même avantage.

Avant l'émancipation décrétée par la république de 1848, il n'était pas rare de voir les jeunes créoles de l'île prendre pour maîtresses, des femmes de couleur, remarquables par leur beauté et réunissant essentiellement les trois dons de la nature qui constituent, selon moi, la femme au plus haut degré, de beaux cheveux, des yeux de velours magnifiques et des dents superbes. Or à force de se mélanger, de s'harmoniser ou, pour parler plus exactement, de s'infuser ensemble, le sang noir et le sang blanc, à la quatrième ou cinquième génération, produisent une race nouvelle remarquable sous beaucoup de rapports, pour un observateur attentif ; l'homme qui en était issu avait en partage, l'intelligence, la force, le désir d'arriver, la volonté et la femme, outre les attraits cités plus haut, avait en partage la grâce, le désir de plaire et un certain degré d'indolence et de morbidezza qui la rendait encore plus attrayante ; les unions illégales étaient jusqu'à un certain point tolérées sous ce climat où les passions sont ardentes comme le soleil qui le vivifie et chaque créole fermait les yeux sur ces irrégularités afin que son voisin n'ouvrît pas les siens à son tour sur ses peccadilles.

Or de l'une de ces liaisons avec un des fonctionnaires les plus haut placés de la colonie étaient nées, à quelques années d'intervalle l'une de l'autre, trois fillettes, de couleur, il est vrai, mais qui, en grandissant, et après ce dernier croisement avec le sang blanc, étaient assurément de beaucoup moins brunes que la plupart de nos femmes du Midi.

Devenues grandes, leur aspect rappelait à la mémoire ces vers de notre grand poète des *Orientales* :

> « Tu n'es ni blanche ni cuivrée
> « Mais il semble qu'on t'a dorée
> « Avec un rayon du soleil ! »

L'aînée des trois, Mina, était grande, svelte et élancée comme un roseau, et, ainsi que lui, flexible, souple et légère ; quand elle marchait, c'était avec une gracieuse ondulation des hanches comme en ont naturellement les femmes de Lima qui attirait forcément le regard et finissait par le captiver.

Comme tous les enfants ayant grandi trop vite, elle avait passé tout à coup de cet état de maigreur accentué qui caractérise l'âge ingrat à un léger embonpoint dessinant des formes trop sveltes encore, mais pleines de promesses et de séductions pour l'avenir.

Auparavant on l'avait rencontrée cent fois dans

la rue sans y faire attention; grande, plate, efflanquée, elle ressemblait à un jeune garçon de quinze ans, bruni par le soleil, courant, en jupon court, les cheveux tout ébouriffés au vent; et deux mois après, elle apparaissait tout autre; les yeux noirs devenus rêveurs, n'étaient plus effrontés, ses cheveux étaient peignés avec soin, la robe était longue et les seins commençaient à se dessiner harmonieusement. L'enfant avait disparu, et la femme commençait à se révéler sous ces grâces pudiques.

Mina était d'humeur douce et n'avait point l'air sévère; aussi quand elle passait dans les rues, sur les promenades ou quand elle se rendait à l'église, murmurait-on à ses oreilles depuis quelque temps des mots flatteurs si agréables à entendre dans toutes les langues, mais plus encore dans ce dialecte créole si riche en doux mots d'amitié. Avec le laisser-aller permis là-bas on la comparait à une fleur, on lui adressait de tous côtés des lettres passionnées; recueillant sur son passage les mêmes admirations, elle finit par en être étourdie d'abord et à la fin, jeune, inexpérimentée, elle fut séduite par l'avenir brillant qu'on lui promettait, et un riche armateur de Saint-Denis l'enleva un beau jour à sa mère qui cria bien un peu et menaça le ravisseur des foudres de la justice; mais pour beaucoup de pauvres gens le silence s'achète avec de l'or; il suffit d'y mettre la somme. De tout temps, le métal jaune a été le roi du monde et a fermé bien des bouches, or il en fut de même pour la mère de Mina.

En France on c   ien des jeunes filles

ayant appris une profession qui les met à même de gagner leur vie paisiblement quoique avec un peu de peine, mais avec les conseils de leurs parents, avec les bons exemples puisés dans leur famille et l'amour persistant du travail, elles sont préservées d'une chute; leur ouvrage quotidien, leur tâche à remplir les absorbent et éloignent d'elles la rêverie et la paresse, les deux plus grands ennemis des jeunes filles. Malheureusement dans les tropiques, la chaleur est souvent si accablante que les Européens les mieux trempés et les créoles les plus courageux ont rarement assez d'énergie pour pouvoir travailler ; à plus forte raison les femmes qui passent les heures les plus chaudes de la journée étendues sur un canapé se reposant des soins du ménage sur leurs nounous (nourrices) et s'habillant seulement vers cinq heures du soir pour aller promener leurs toilettes à la chute du jour. Ce n'était donc pas avec le travail de leurs mains, que l'aisance pouvait exister au logis de la mère de Mina.

Et puis l'existence de cette sœur aînée vivant au milieu d'un certain luxe, devait faire réfléchir ses jeunes sœurs Couronnée et Linda. Il eût fallu, pour qu'elles ne suivissent pas ce pernicieux exemple, une mère vigilante et de bons conseils et cela leur fit défaut. J'ignore les circonstances qui devancèrent et déterminèrent leur chute, mais quand MM. Laude et Binan me firent connaître ces dames, le premier était l'amant de Couronnée et le second de Linda.

Toutes les deux se ressemblaient du reste beaucoup, à cette exception près que Linda était plus petite que ses sœurs quoique admirablement faite. Il était impossible de rêver un corps aussi harmonieusement proportionné, avec des extrémités aussi fines, aussi délicates. Quant à leurs traits, ils étaient remarquables chez toutes les deux par leur exquise pureté. L'arc du sourcil se dessinait sous un front légèrement bombé avec une netteté et une régularité parfaites, comme s'il avait été dessiné par la main ferme du peintre le plus habile. De grands yeux, noirs, frangés de cils longs et recourbés, savaient éblouir et fasciner les gens quand ils le voulaient. Enfin sous un nez droit à arête déliée, s'ouvrait une bouche souriante pour laisser apercevoir deux rangées de perles d'un émail ravissant. Le menton légèrement saillant et creusé d'une petite fossette accentuait encore davantage la physionomie des deux sœurs. Leur ressemblance était frappante et une seule chose les faisait distinguer l'une de l'autre, c'était la taille élevée et élégante de Couronnée et sa démarche aisée qui lui donnait l'air d'une reine, tandis que Linda, plus mignonne et plus volontiers souriante avait un abord plus facile et plus sympathique. Couronnée était remarquable également par sa longue chevelure d'ébène, aux reflets bleus, d'une longueur telle que je n'en ai jamais vu de pareille. Ramassés sur le sommet de la tête, ils y formaient, tout en débordant à flots de chaque côté des oreilles, un véritable diadème ennoblissant son front, ce qui lui donnait l'air d'une impératrice et justifiait bien ce nom bizarre de Couronnée qui lui avait été donné au hasard mais s'harmonisait avec toute sa personne.

Bon, diront quelques-uns de mes lecteurs, se rappelant le titre de mon historiette : *Une pêche aux camarons*, voici bien des pages de lues et jusqu'à présent il est bien question de rochers, de pitons, de torrents, de créoles et de dames que l'auteur nous dépeint comme très gracieuses, mais enfin, de cette fameuse pêche, nous ne voyons pas venir un traître mot ; un peu de patience, s'il vous plaît, car nous arrivons au cœur de notre récit.

Que j'explique tout d'abord ce mot «camaron» qu'on ne trouvera pas assurément dans Larousse, car il n'est usité, je crois, que là-bas à Madagascar, à la Réunion et à Maurice. On y donne ce nom à une petite écrevisse assez semblable à notre écrevisse de France, mais moins grosse, qu'on trouve là-bas dans les rivières d'eau douce. Explique qui pourra comment ce petit mollusque en se cramponnant quelque part aux anfractuosités des rochers, aux longs filaments des algues, aux saillies des racines aquatiques ou en s'enfonçant dans le sable du rivage résiste à l'impétuosité dévastatrice des torrents de l'hivernage et n'est pas entraîné, submergé, englouti par eux dans la mer, je l'ignore complètement, mais ce que je puis assurer, c'est que cette pêche qui se pratique au moyen de balances comme en France, était très goûtée là-bas à l'époque dont je parle et constituait un des plaisirs les plus recherchés des créoles.

Or donc, un soir que tous les cinq, ces deux dames, le gros juge, comme nous appelions Laude, M. Binan et moi, nous devisions avant de regagner nos cases respectives, la conversation vint à tomber sur les environs de la ville et les distractions qu'ils pouvaient offrir et Binan mit sur le tapis le projet d'aller faire une partie de pêche à la rivière ; il possédait un nombre respectable de balances et d'autres filets à goujons, des amorces toutes prêtes et, comme tous les créoles qui excellent dans les exercices du corps, il adorait cette sorte de plaisirs. Il offrait de se charger de tous les appareils et Azor les emporterait, tandis que Laude et moi nous nous chargerions des provisions de bouche. Le jour de cette petite fête fut fixé au surlendemain; nous devions partir dès l'aube avant le lever du soleil afin de passer tout le jour dans la gorge même de la montagne.

Le lendemain soir cependant, M. Binan vint, l'oreille basse et la mine contrite, nous faire part d'une vive contrariété. Il se croyait sûr, la veille, d'obtenir, nous disait-il, la permission de son commissaire et pas du tout, il nous apprit avec regret qu'il ne pourrait pas nous accompagner dès le matin ; son chef ayant un travail pressé à terminer désirait le garder jusqu'à 3 heures de l'après-midi. Mais il nous promit de venir sans faute nous rejoindre afin de pêcher et de dîner avec nous à la rivière.

En sorte que le matin dès l'aube, la bande joyeuse réduite à ces dames, au bon gros Laude et à moi se mettait en marche. La grand mama Binan nous avait prêté ce pendard d'Azor, son jeune nègre, très heureux à l'idée qu'il pourrait aller rapiner sur les bords de la rivière des ananas, des jamerosas, des bibasses et des mangues, et peut-être tordre le cou à quelque poule flânant pour son malheur dans le voisinage.

Une fois sortis de la ville et après avoir traversé le faubourg, nous suivîmes une sente capricieusement tracée et faisant maints détours au milieu du chaos des rochers de basalte amoncelés à l'entrée de la gorge. Tous les voyageurs étaient en belle humeur et je me rappelle comme si c'était hier que je chantais à tue-tête cette romance de Béranger (on l'aimait encore à cette époque-là, le vieux poète !) :

> Rose ! partons. Voici l'aurore !
> Quittons ces oreillers si doux !
> Entends-tu la cloche sonore
> Sonner l'heure du rendez-vous ?

Aujourd'hui on préfère des chansons obscènes et matérialistes et cependant un grain de poésie ne vaut-il pas mieux ?...

Oui, cette promenade était charmante ; le soleil n'était pas encore trop haut à l'horizon et mille incidents délicieux contribuaient à égayer notre petite caravane. Tantôt la descente du sentier était rapide et avant de s'abandonner, ces dames jetaient un petit cri d'effroi pendant qu'au bas nous étendions nos bras prêts à les recevoir en cas de glissade. Tantôt il fallait escalader quelque rocher escarpé et elles réclamaient pour le gravir notre main secourable, pendant que du haut du tertre nous jetions, sans trop penser à mal, au contraire, un regard inquisiteur sur deux globes charmants soulevant le corsage de mousseline blanche qui les voilait à peine. D'autres fois la rivière était encaissée entre deux montagnes laissant voir avec peine un coin du ciel bleu et ces dames, émues à la pensée que si quelque pluie d'orage survenait là-haut, elles seraient anéanties, broyées, noyées comme un brin de paille, se rapprochaient de nous, saisies d'effroi et se cramponnaient à nos bras, frissonnantes à l'idée du danger. Enfin, après une heure de marche, nous arrivâmes dans un site pittoresque où la rivière s'étalait paresseuse et plus large sur une plage d'un sable doré invitant au repos et au plaisir de la baignade. C'était là que nous devions faire halte et ce coin était en effet charmant. Au pied des murailles de basalte et dans les moindres fissures que présentaient les rochers, s'élevaient fièrement, avec cette vigueur de végétation propre aux pays intertropicaux où la nature ne se repose jamais, les cîmes des manguiers sauvages se dressant vers le ciel, avides d'air et de lumière pendant que leur feuillage épais et touffu offrait à leurs pieds une couche protectrice contre les rayons du soleil montant à l'horizon.

Nous résolûmes donc d'établir dans ce retrait tranquille notre quartier général et Azor, enchanté de ne plus avoir à porter sur son dos les ustensiles de pêche et sur sa tête le panier aux provisions, témoigna sa joie d'en être enfin débarrassé par maintes cabrioles. Chacun se mit alors à la besogne pour le déballage, tout en caquetant joyeusement. Le panier fut suspendu à une branche pour être mis à l'abri des rats qui foisonnent dans la campagne. Les bouteilles de vins furent mises au frais dans le ruisseau dans un endroit bien ombragé et nos engins de pêche, les balances seulement (on attendrait M. Binan pour manœuvrer les filets) furent disposés le long du rivage, nous laissâmes à Azor le soin d'y placer les amorces mal odorantes.

De leur côté, ces dames s'emparaient des provisions et commencèrent les apprêts du carry traditionnel pour le déjeuner. Quelques pierres plates disposées contre le rocher constituèrent un foyer où allait bouillir le riz. Azor eut vite fait de trouver de-ci, de-là, du menu bois pour le faire chauffer. Ah! la belle journée et comme après cinquante ans, ces souvenirs me charment encore! Qu'il faisait donc bon vivre dans ce temps-là. Je revois encore, dans l'ambiance de mes souvenirs, ces deux charmantes jeunes filles allant et venant sans cesse en mouvement, tantôt nous accusant de n'être bons à rien, de ne pas les aider suffisamment, tantôt nous gourmandant de ne pas relever nos balances; je les entends encore poussant de petits cris joyeux quand, au fond du filet, elles apercevaient un de ces crustacés; je les revois ensuite courant vivement à une autre balance avec l'espoir d'être aussi heureuses. Quelle grâce, quelle gaieté répandaient dans ce site enchanteur ces jeunes filles lestes et folles comme deux papillons aux ailes blanches et roses, ivres d'air et de soleil! elles gazouillaient sans s'arrêter comme des oiseaux, malgré nos recommandations de ne pas parler haut de peur d'effrayer et d'éloigner les poissons.

Enfin, une fois nos balances bien amorcées à nouveau et mises en place, nous nous assîmes en rond et bien près les uns des autres sous le feuillage de notre ajoupa pour prendre notre premier déjeuner froid, c'est vrai, mais animé par la bonne humeur générale et d'autant plus délicieux que ces dames s'exprimaient en ce patois créole qui charme les oreilles en établissant entre les interlocuteurs une douce intimité et quels éclats de rire quand Laude et moi nous essayions de leur répondre dans le même idiome que nous écorchions sans nous en douter !

Après ce premier déjeuner, nous allâmes tous ensemble relever encore une fois nos balances et jeter nos lignes dans les endroits où, à l'ombre des rochers, la rivière semblait plus profonde, dans l'espoir d'y pêcher quelques-uns de ces poissons blancs ressemblant assez à nos gardons de France. Et chaque fois que ce menu fretin se balançait à l'extrémité de nos lignes, ces dames, poussant un cri de surprise et de joie, accouraient pour s'en emparer en nous suppliant en créole : « Vi, laisse à moi tirer, dis ? veux-tu ? » Si nous voulions ! Je le crois bien !... C'est que dans cette atmosphère tiède, embaumée, au milieu de cette nature splendide, dans cette solitude profonde que ne troublait aucun bruit extérieur, où nous semblions être les seuls êtres vivants habitant cette gorge sauvage, ces dames qui, au début de la journée, se reprenaient quand elles nous tutoyaient, s'abandonnaient un peu plus et bientôt sans contrainte au charme de la plus douce intimité !!

Après le déjeuner composé d'une poule accommodée à l'inévitable carry, mais qui nous parut délicieux préparé par leurs mains expertes, embelli par leur présence, assaisonné d'ailleurs par notre appétit de vingt ans, nous donnâmes congé à Azor en lui recommandant de ne point trop marauder dans le voisinage, mais autant aurait valu empêcher une hirondelle de déployer ses ailes! Nous fîmes à l'ombre, étendus non loin les uns des autres, une sieste délicieuse en attendant l'arrivée de M. Binan. Mais il ne pouvait guère être rendu auprès de nous avant 5 heures; aussi Laude, à 3 heures de l'après-midi, nous proposa-t-il de faire une nouvelle visite aux balances, après quoi nous prendrions un bain?

L'idée nous souriait à tous et pendant que Laude et Couronnée, pour être seuls à deux, s'éloignaient de nous en remontant la rivière pour s'y lutiner tout à leur aise, Linda et moi, nous restâmes sur le bord de la plage, une cinquantaine de pas plus bas. Ils ne s'occupaient point de nous et je dois avouer que, de mon côté, tout entier au spectacle charmant que m'offrait Linda sous son vêtement de bain, je ne songeais guère à mes voisins. C'est que réellement Vénus sortant de l'onde n'était pas plus divinement faite que Linda. Secrètement flattée de la fascination qu'exerçaient visiblement sur moi ses formes adorables, elle semblait m'inviter à s'approcher d'elle et j'étais dans un état d'esprit si alarmant pour ma vertu que je l'aurais volontiers suivie jusque dans un abîme.

Je n'ai jamais su nager; enfant, au lieu de m'aguerrir contre le danger et de me faire apprendre à nager sous la conduite d'un des marins de notre port, ma mère m'avait fait jurer, à la suite de plusieurs accidents survenus à d'autres enfants dans la Gironde aux courants violents et dangereux, de ne jamais aller me baigner à la rivière. La promesse que j'en avais faite, et que j'ai religieusement tenue, a pesé sur toute ma vie et bien que j'aie essayé bien des fois, au cours de mes voyages, de prendre des leçons de natation, j'ai, développée au plus haut point chez moi, la phobie de la natation. A peine suis-je dans l'eau, que paralysé par un invincible effroi, je coule à pic; aussi, malgré les invites de ma charmante compagne, n'osais-je pas perdre pied; quand Linda, plus hardie, me plaisantant et me reprochant ma poltronnerie, se mit à marcher dans la rivière en s'éloignant de plus en plus du rivage. Mais tout à coup, la terre lui manquant, elle perdit pied, jeta un cri d'effroi et disparut en étendant son bras par un geste familier aux gens qui, ne sachant pas nager, cherchent à se raccrocher instinctivement à n'importe quel objet à leur portée. Dans sa détresse elle s'était emparée de mon bras droit et, s'y cramponnant vigoureusement, elle m'entraîna de son côté. Je disparus sous l'eau ; j'eus cependant l'instinct, quoique aveuglé par elle, de me raidir en faisant un vigoureux effort et en me tournant du côté du rivage où était le salut. Plus grand qu'elle et plus vigoureux, je frappai du pied le fond, revins à la surface, jetai un cri et disparus à nouveau, mais j'avais, comme dans une vision de quelques secondes, entrevu la direction que je devais prendre et, dans un suprême effort, traînant toujours après moi Linda évanouie et cramponnée opiniâtrément à mon bras droit et ayant toujours la tête sous l'eau, je parvins en rampant à la ramener sur le rivage où tous les deux nous restâmes, moi, épuisé, respirant avec peine et à moitié asphyxié, elle complètement inanimée.

C'est une angoisse inexprimable que cette sensation de manque de respiration ! D'abord et instinctivement, l'homme qui réfléchit encore en disparaissant sous l'eau, s'efforce de ne pas respirer pendant que sa bouche et ses narines sont recouvertes par le liquide; son intelligence est encore nette, il a conscience du danger qu'il court et il cherche en frappant du pied la terre à remonter à la surface pour respirer à longs traits cet air sans lequel il ne peut pas vivre; mais à peine l'a-t-il humé avec bonheur qu'il redescend encore s'il ne sait pas nager; cependant son intelligence commence à s'obscurcir, il est incapable de prolonger et diriger cette alternative et cette lutte contre l'asphyxie; celle-ci se dessine de plus en plus avec ses conséquences, le désordre dans les mouvements respiratoires et leur interruption, l'instinct de conservation seul persiste encore chez lui; bientôt en voulant respirer, il avale de l'eau, il cherche de ses mains un secours auquel il se cramponne dans une suprême étreinte ou bien il gratte avec ses ongles cette terre qui va lui servir de tombeau.

J'ai entendu dire que le noyé, dans les dernières minutes de son agonie, passe en revue, jette un coup d'œil rapide sur son passé et embrasse en une dernière aspiration les événements de toute sa vie. Je n'en crois rien, et je puis assurer que tout entier au danger présent, on ne songe guère à faire revivre le passé; c'est là une chose tout à fait improbable !

Cependant, Laude et son amie avaient entendu nos cris de détresse et assisté de loin à cette scène qu'ils avaient cru tout d'abord n'être qu'une lutinerie de jeunes gens. Mais quand ils me virent sortir de l'eau marchant à quatre pattes et traînant après moi Linda évanouie, puis quand tous les deux nous restâmes immobiles sur la plage, ils comprirent qu'il s'agissait d'un accident sérieux et se hâtèrent d'accourir pour nous donner quelques soins. Ils nous massèrent vigoureusement, pratiquèrent la respiration artificielle en étendant et en repliant alternativement nos bras, nous chatouillèrent les narines avec des brins de paille et bientôt je repris connaissance pour joindre mes efforts aux leurs afin de ramener à la vie notre pauvre asphyxiée qui fut couchée sur le côté droit et vigoureusement massée. Malheureusement à cette époque on ignorait cette pratique éminemment utile, imaginée par le professeur Laborde de l'Académie et qui a ramené à la vie une foule de noyés et de pendus, je veux parler de la traction rythmique de la langue ; mais enfin, à force de soins persévérants et continus, la pauvre Linda revint à la vie, ne se rappelant que bien confusément le grave péril auquel elle avait échappé ! Il s'en était, en effet, fallu de bien peu que ce jour-là fût notre dernier soleil !

Deux heures après, M. Binan nous rejoignait et comme, d'un commun accord, nous étions convenus de lui taire cet incident désagréable auquel Azor n'avait point assisté, il s'occupa avec son entrain accoutumé de tendre ses filets, de visiter ses balances de manière à nous fournir des plats supplémentaires pour notre repas du soir ; mais nous avions vu la mort de si près que c'est à peine si un léger sourire effleurait les lèvres pâlies de Linda, ces lèvres qui dans la matinée avaient l'éclat et la fraîcheur d'une fleur de grenade. Elle était encore sous l'impression du danger terrible auquel elle avait échappé !

Quelques jours après, le bon Laude, ayant indiscrètement raconté à Linda, d'une façon tragique et avec les amplifications coutumières aux avocats, l'accident de la rivière, Linda reconnaissante m'adressa de chaleureux remerciements, et à ses regards attachés longtemps sur les miens, à ses serrements de mains plus prolongés, plus chauds, plus étroits, je compris qu'un sentiment plus vif qu'une simple amitié vibrait dans son cœur.

Que dirai-je de plus que le lecteur n'ait déjà deviné ? J'étais jeune, cela se passait sous un ciel ravissant, dans un pays où tout faisait songer à aimer. J'étais du bois avec lequel on fabrique les bonnes allumettes (pas celles de la régie) ; elle avait des yeux et des dents superbes, elle m'appelait son sauveur, nous nous rencontrions tous les jours, Binan ne l'avait jamais, lui, arrachée à la mort, il était par conséquent vis-à-vis de moi dans un état d'infériorité relative. Peut-être aussi avais-je, de plus pour elle, l'attrait du fruit nouveau, du fruit défendu. Enfin ! Honni soit qui mal y pense !

Quelque diable aussi nous poussant en secret, nous nous aimâmes et nous fûmes heureux au moins trois mois. Aussi, quoique bien lointain, le souvenir de cette pêche aux camarons, ses péripéties et ses suites heureuses, sont encore aujourd'hui un des souvenirs les plus agréables de ma vie de marin.

CHAPITRE IV

UNE CHASSE A LA RÉUNION.

Ceux de nos lecteurs qui ont visité ou habité la Réunion, cette perle de l'Océan Indien, que les Anglais si peu scrupuleux d'habitude nous ont abandonnée en 1815 parce qu'alors elle n'avait aucun port, et qu'ils se contentaient de la possession de cette belle Ile de France, baptisée depuis par eux du nom d'Ile Mauritius, seront très étonnés du titre de ce chapitre : *Une chasse à la Réunion* ! C'est en effet, je crois, le pays du monde où le gibier fait le plus complètement défaut aujourd'hui et où, par conséquent, les exploits cynégétiques ne se comptent point par douzaines.

Il n'en a pas toujours été ainsi et à l'époque de la découverte des îles Mascareignes (1) par les Portugais qui les dédaignèrent, attirés par les richesses fantastiques de l'Inde et quand, plus tard, des marins français séduits par la douceur du climat et les splendeurs de la végétation de ces îles, s'y fixèrent et les colonisèrent, ils les trouvèrent peuplées d'énormes oiseaux plus gros que le dindon au plumage

---

(1) On nomme ainsi du nom du navigateur qui les découvrit les trois îles de La Réunion, Maurice et Rodrigues.

sombre, appartenant probablement au genre des palmipèdes, et tellement lourds qu'ils ne pouvaient pas s'envoler; d'une marche si lente qu'un homme les gagnait en vitesse et si inoffensifs, si peu craintifs qu'ils se laissaient approcher et tuer d'un coup de bâton. Cet oiseau appelé le « Dronte » par les naturalistes et les savants, reçut des Français le nom de « Dodo », en raison sans doute de son air endormi et de sa nonchalance ; il existait aux Mascareignes et dans la grande île de Madagascar, mais on en a fait un si grand carnage qu'il a complètement disparu et c'est fâcheux, car on n'en a trouvé vivant dans aucun autre pays du monde. Peut-être cependant le découvrira-t-on de nouveau dans quelque retraite sauvage et inexplorée encore des forêts de Madagascar ?

D'autres oiseaux, (je ne parle pas ici des oiseaux de mer non sédentaires dans ces parages) égayaient la solitude des forêts immenses qui à l'origine couvraient la plaine et les montagnes de l'Ile Bourbon et s'étendaient jusque sur ses rivages. On y trouvait un merle siffleur et chanteur devenu aujourd'hui aussi difficile à approcher que notre merle de France; plusieurs variétés de cailles dont l'une venue de l'Inde ou de Madagascar est plus grosse que la nôtre et dont une autre aussi petite que notre moineau ou notre allouette a, par extraordinaire, un plumage varié et éclatant.

Parmi les quadrupèdes, on n'y trouve guère que le lièvre importé sans aucun doute du dehors et le rat poussé sans doute par la curiosité et son désir bien reconnu depuis La Fontaine de visiter des pays nouveaux et de voyager; il a dû y émigrer en abandonnant les navires où il s'ennuyait ; on n'y trouve, et encore seulement dans les forêts, qu'une sorte de hérisson, le tanrec que les noirs pourchassent et dont ils aiment beaucoup la chair.

On le voit, la faune de la Réunion est bien pauvre. Quant au dronte, c'est à peine si on en trouve deux ou trois spécimens et encore incomplets au muséum d'histoire naturelle de Londres. C'est que les créoles sont des chasseurs lestes et adroits et qu'ils poursuivent le gibier dans ses retraites les plus inaccessibles, et la preuve c'est que le merle si commun et si peu farouche à Mayotte et à Madasgacar, a été tellement pourchassé à la Réunion qu'on l'entend plutôt qu'on ne le voit, (car il est resté babillard), dans les retraits escarpés, au fond des ravins et des gorges les plus solitaires de l'île. Le soni-manga, ce colibri de Madagascar à la gorge d'émeraude ne s'y trouve plus et si lièvres, cailles et perdrix s'y rencontrent encore, ce n'est plus que dans des propriétés privées, soigneusement gardées et dans les plantations de cannes à sucre où ils trouvent un abri impénétrable pendant huit à neuf mois de l'année.

Cependant, nous devons signaler encore une sorte d'étourneau qu'on appelle là-bas le martin, dont le plumage est moins sombre que celui d'Europe, importé on ne sait d'où à la Réunion, mais qui s'y est acclimaté à merveille et multiplié à l'infini. Cet oiseau a été du reste bien accueilli par les habitants auxquels il est défendu de le tuer parce qu'il est classé parmi les oiseaux utiles à l'agriculture. Il est, en effet, très friand de sauterelles et il en fait une consommation prodigieuse. Il fut un temps, paraît-il, dans la colonie où des vols immenses de ces acridiens venaient de la côte d'Afrique ou de Madagascar et dévoraient toutes les récoltes, excepté la canne à sucre, mais depuis que le martin y a été si bien accueilli, ce fléau a disparu. Il y a plus de trente ans que j'ai proposé dans le *Figaro* l'introduction de cette sorte de sturnidés en Algérie et en Tunisie où sa présence, sa voracité et son activité éloigneraient de nos champs cultivés les sauterelles. Son acclimatation y serait facile et son transport, à présent que de nombreux navires de guerre passent par Suez, serait on ne peut plus commode et rapide.

Tous les soirs MM. les martins reviennent par bandes de douze à quinze des campagnes lointaines et se rassemblent entre voisins sur les branches les plus élevées des arbres ornant les jardins de la ville ou des environs; après avoir butiné ferme, ils caquettent et coquettent entre eux jusqu'à la nuit se racontant à qui mieux mieux les événements et les potins de la journée. Sous ce rapport, les martins de la Réunion sont l'équivalent, l'alter ego de notre moineau des grandes villes et surtout de Paris, bavard, pillard, effronté et paillard.

Dès le lendemain à l'aube, les voilà qui détalent pour vagabonder dans la campagne en quête de maraudes. Heureux oiseaux, que leur sort est enviable! ils sont aimés et protégés par les habitants et les gendarmes, ils volent où le butin et le plaisir les appellent, et se posent le soir sur une branche non loin des camarades qu'ils ont choisis, après leur avoir donné une sérénade tellement bruyante qu'il faut, à dîner, fermer les fenêtres des vérandas pour s'entendre parler. Combien d'entre nous voudraient jouir d'aussi agréables privilèges !

Les ramiers au vol rapide ont trouvé des refuges et aiment à faire leur nid et élever leur petite famille dans les rochers qui hérissent les côtes de l'île ou au fond des gorges inaccessibles comme celles de Bernica, près Saint-Paul, dont George Sand nous a fait une description si poétique. N'était-il pas naturel que cette femme qui a tant aimé dans sa vie, célébrât dans une de ses plus charmantes œuvres, ce pigeon que notre vieux La Fontaine nous représente revenant au logis presque éclopé pour avoir voulu courir le monde et les aventures.

Je ne dois pas oublier de mentionner enfin les bengalis originaires du Sénégal qui se sont bien acclimatés à la Réunion ; une charmante fauvette au plumage se rapprochant de celui de notre rouge-gorge, le tectec frétillant encore plus que lui, relevant et abaissant sans cesse, aussitôt posé, sa queue épanouie et n'ayant plus là-bas que de rares représentants, mais ayant toutefois assez vécu pour avoir inspiré quelque créole ou quelque nègre en verve de comparaison. On dit en France, avec notre aimable fabuliste :

« Honteux comme un renard qu'une poule aurait pris »

et à Maurice ou à la Réunion on dit aussi :

« Honteux comme un tectec qui n'avé plis sa queue ! »

Ne trouvez-vous pas en vous figurant cet oiseau en train de faire le beau, et privé de son ornement, que ces deux proverbes se valent bien ?

On le voit, par cette énumération, la faune de la Réunion ne promet pas de grands plaisirs au chasseur, à moins d'avoir l'autorisation ou l'occasion d'aller chasser sur des propriétés gardées, il n'est guère possible à un modeste officier qui ne fait que passer deux ou trois ans sur cette terre bénie, de se livrer à des ébats cynégétiques.

Or, c'était justement la réflexion que se faisait en bâillant du matin au soir à se déclancher la mâchoire, le chien du lieutenant d'artillerie Daurensan, attaché en même temps que son maître à la garnison de Saint-Denis. Enthousiasmé d'avoir, au théâtre de Rochefort, vu jouer un vaudeville du temps intitulé : *Brutus, lâche César !* il lui avait donné le nom de Brutus. C'était un lévrier superbe de grande taille et capable de gagner de vitesse une gazelle à la course. Mais hélas ! Brutus s'ennuyait fort et en fait de gazelles on ne trouvait guère là-bas, que des mulâtresses peu farouches se promenant au déclin du jour sur la place du Gouvernement ou dans les méandres du jardin public. Voilà les jeunes déités à qui d'autres amateurs que le lévrier du lieutenant faisaient la chasse. De sorte que le pauvre Brutus passait son temps à bâiller, à dormir, à flairer d'où venait le vent, en donnant des signes évidents d'impatience. Aussi maigrissait-il à vue d'œil. Et comme son maître y tenait beaucoup à cause de sa fidélité (une fleur ou une vertu qui n'était pas commune dans ce pays-là), il nous fit part, un jour que les chirurgiens de Saint-Denis avaient été conviés à des agapes fraternelles chez les officiers d'artillerie, de sa crainte de voir Brutus passer un beau jour de vie à trépas !

Et que diriez-vous, mon cher camarade, s'écria l'un de nous, Santelli, un Corse plein d'ingéniosité, si je vous indiquais un genre de chasse royale qui guérirait à la fois Brutus, nous procurerait un plaisir sans égal et fournirait en même temps à notre robuste appétit un mets savoureux qui ne nous coûterait rien ?

— Je dirais, mon cher Santelli, que vous êtes le meilleur des docteurs pour débarrasser de la mélancolie non seulement mon pauvre lévrier, mais encore son maître qui commence à être envahi par la nostalgie.

Eh bien ! prêtez-moi quelques instants d'attention, suivez bien mon idée et soyez assuré que dans peu de jours, nous allons nous amuser avec autant de plaisir que Diane lançant sa meute sur les talons d'Actéon.

« Pour chasser à Saint-Denis et même dans toute l'île, continua Santelli, il faut jeter notre dévolu sur autre chose que le gibier absent. Mais comme en revanche le chat y abonde et s'y rencontre à chaque pas, c'est lui qui doit devenir l'objet de nos poursuites ; ici, plus encore qu'ailleurs, le chat est influencé, soit par le climat chaud, soit par une atmosphère remplie d'électricité, aussi ai-je remarqué que ces Messieurs rôdent sans cesse ici, la nuit, en quête d'aventures galantes.

Minets et minettes se font du 1er janvier à la Saint-Sylvestre, et cela sans interruption, une cour assidue et se donnent des concerts interminables; eh bien, que Brutus se charge de les interrompre, ce sera un peu brutalement, c'est vrai, mais quelles sont les amours dont les duos ne sont pas troublés quelquefois ? A Bourbon comme ailleurs, les roses ont des épines, nous en avons la preuve tous les jours à l'hôpital ; et d'ailleurs puisque pour les chats d'ici, tous les mois sont des mois de février, nous pouvons bien en revanche, les troubler quelquefois dans leurs plaisirs.

« Voici donc ce que je propose. Après-demain Phébé se lèvera à 11 heures !... Rendez-vous général ici même. Munissez-vous, Daurensan, de votre gibecière veuve depuis si longtemps et je vous promets, si Brutus fait bien son devoir, et s'il n'a pas perdu ses anciens goûts cynégétiques, une chasse mirobolante et pleine d'incidents divertissants ! N'est-il pas vrai, mon vieux Brutus, et le pauvre animal, à l'appel de son nom, relevait la tête, venait l'appuyer sur le genou de son maître en fixant sur lui les yeux intelligents et remuant doucement la queue comme pour chercher à comprendre et à exécuter ce que nous désirions de lui.

Ainsi que convenu, la chose fut faite et le surlendemain, la bande joyeuse était fidèle au rendez-vous! La lune brillait au firmament et inondait les larges rues de Saint-Denis d'une clarté à faire mourir de dépit le soleil de certains pays de France. Qui n'a pas vécu sous les tropiques et n'a pas été témoin de ces nuits splendides ne peut se figurer leur charme, leur douceur incomparables et leur mystérieuse majesté !

Nous étions divisés en deux escouades; chacune d'elles suivait, en rasant les murs, un des côtés de la route, tandis qu'au milieu de la voie marchait Daurensan tenant son lévrier en laisse; enfin, se tenant à l'arrière-garde, Laure, l'un de nous, musicien émérite, l'embouchure de son cor de chasse tout près de ses lèvres, s'apprêtait à sonner le lancer aussitôt la bête en vue; toutes les règles de la vénerie étaient donc, on le voit, fidèlement observées.

Donc nous étions prêts! la nouveauté de ces préparatifs, cet ordre de bataille, une sorte d'impatience fiévreuse nous faisaient battre le cœur. La consigne était de marcher en gardant le silence le plus complet jusqu'à ce que la bête eût débouché. Un instant après nous arrivions dans un de ces quartiers du centre de la ville, consacrés au commerce, où magasins et boutiques se touchent sans un seul intervalle; mais il y avait là trop de passants et MM. les matous n'y rôdaient point, préférant comme théâtre de leurs exploits amoureux, les longues et larges avenues descendant du jardin public vers la mer. Là, chaque case était isolée, avait son portail en bois s'élevant jusqu'à une certaine hauteur, des murs pleins, assez élevés sur la rue, surmontés d'une terrasse; derrière se trouvaient des jardins garnis de fleurs et de grands arbres, mais sur le chemin pas d'entrées de caves, de soupiraux par où la bête vivement poursuivie et n'ayant pas trop d'avance pouvait s'échapper.

L'endroit était propice et nous devions réussir là ou jamais. Et en effet, à peine avions-nous dépassé la place de l'Hôpital qu'un gros matou noir, en quête d'aventure galante ou occupé à déguster quelque débris de poisson ou de poulet accommodé au carry, apparut à l'escouade de gauche. Sa présence fut aussitôt signalée par le mot : *attention !* Mais comme l'animal appartenait à une case du côté droit de la rue, il se mit en devoir de la traverser sans se presser d'abord, car notre troupe était silencieuse ; mais aussitôt qu'il apparut à la clarté éblouissante de la lune, Daurensan lâcha Brutus en lui montrant la bête et en lui criant : pille, pille ! et le chien intelligent s'élança vers le chat en même temps qu'à l'envi nous l'excitions en criant : pille, pille ! et qu'embouchant son cor de chasse, Laure sonnait : Tayaut, tayaut !

En entendant ce vacarme infernal, ces clameurs inaccoutumées et en voyant ce grand chien à ses trousses, le chat détala vivement, longeant la muraille afin de gagner le portail, d'y grimper et disparaître dans le jardin ; mais Brutus le gagnait de vitesse et quant le chat se ramassa pour s'élancer en l'air, Brutus, du bout de son museau, le souleva et le jeta en l'air. On dit que ces animaux retombent toujours sur leurs pattes, (et il en est de même pour certaines femmes très adroites, fort heureusement pour elles dans la plupart des cas), mais cette fois ce fut malencontreux pour lui, car en retombant sur le dos, il eût joué des griffes et eût pu se défendre, tandis que son dos arrondi donnait, après sa chute, prise aux crocs aigus de Brutus qui, transporté de joie en même temps que d'entrain, lui brisa net les reins et s'étendit triomphant auprès de sa victime.

Alors l'hallali retentit joyeusement dans la rue, tandis que de tous côtés les gens intrigués se demandaient ce que signifiait tout ce tapage et cette fanfare extraordinaire.

Mais nos exploits ne se bornèrent pas là pour cette fois et nous partîmes à la recherche d'un autre gibier du même genre. Notre seconde chasse fut cependant moins heureuse que la première. La rue de Paris, où nous cheminions, était bordée de Jacquiers, c'est-à-dire d'arbres aux troncs énormes qui donnent des fruits gros comme des cantalous, au pelage épais et rugueux qui, cuits, font les délices des noirs, mais ne plaisent guère aux Européens. Ces fruits poussent en général à la naissance des plus grosses branches et si notre bon La Fontaine les avait connus, peut-être n'eût-il pas écrit (mais c'eût été vraiment dommage) sa fable du *Gland et de la citrouille*, car en parlant du Jacquier il aurait songé, qu'en tombant, ce dernier eût écrasé, au lieu du nez, la tête de son héros.

Mais passons et revenons à notre second acte. Un nouveau chat est levé et poursuivi vivement mais silencieusement par Brutus, (les levriers ne donnent pas de voix), plus ardent que jamais, stimulé par le cor de chasse retentissant au milieu de la nuit ; mais la bête avisa le tronc d'un de ces arbres et y grimpa si lestement que Brutus n'arriva pas à temps pour lui faire faire le saut périlleux. En vain se dressa-t-il tout de son long contre l'arbre ; comme le renard de la fable, il n'y pouvait atteindre et comme lui nous restâmes désappointés. La maudite bête était là, désormais, bien tranquille, assise sur son derrière à l'entrecroisement des branches et semblant nous faire la nique. Heureusement que l'idée ne lui vint pas de nous arroser pendant que nous étions tous assis en rond au pied de l'arbre pour délibérer. C'eut été un comble !

— Que veux-tu, mon pauvre vieux Brutus? disait Daurensan en lui caressant la tête. Il est là-haut chez lui. Nous avons eu affaire à un vieux chat plus malin que toi, faut nous consoler et puis, en civet, il aurait été trop dur ; cherchons-en un autre plus jeune et moins rusé.

— Eh bien ! allons-y gaiement, sembla dire Brutus dans son langage de chien !

Notre troisième piste réussit en effet, à merveille avec la même mise en scène qui faisait le charme de cet incident et à une heure du matin, nous rentrions au logis avec un second chat tenant compagnie au premier dans notre gibecière.

Et le lendemain soir, artilleurs et chirurgiens, nous nous réunissions, joyeux, attaquant vigoureusement avec nos appétits de vingt ans un civet tout à fait délectable, confectionné par notre maître-queue et largement arrosé non pas, hélas ! avec ces vins fameux des bords de la Gironde, mais avec ces vins épais et noirs qui nous arrivaient à la Réunion des coteaux de Bandol.

Mais bast, nos estomacs le trouvaient excellent et notre gaieté en relevait le bouquet. Et nous devisions de notre chasse, de ses incidents, des beautés arrachées au sommeil et que nous avions entrevues dans l'encadrement de leurs fenêtres, tandis que le héros de la fête, ce bon Brutus, gravement assis sur son derrière, recevait de chacun de nous avec une caresse, un débris des lapins de gouttière à qui nous faisions l'honneur d'offrir notre estomac pour asile.

Oh! l'admirable chose que la jeunesse et quelles joyeuses compagnes elle a dans l'insouciance du lendemain et la gaieté de chaque jour! Quel trésor inépuisable que celui-là!... Certes on le dépense follement, on le gaspille sans compter, on y puise à pleines mains et néanmoins, il est toujours plein! Et quelle est douce au cœur cette bonne camaraderie de jeunes gens entrant dans la vie, faisant fi de toutes arrière-pensées; pleins d'entrain, de jovialité, on les répudie bien loin! Que de bons mots, que d'esprit dépensés à flots dans ces agapes amicales, où à défaut de champagne, les fines plaisanteries et les calembours, atroces parfois, partaient de tous côtés comme un feu d'artifice!.... Malheureusement Henri Murger n'était pas avec nous pour les recueillir et faire une seconde édition de sa vie de bohème, le livre le plus gai, le remède le meilleur que l'on puisse ordonner contre la tristesse et la mélancolie!

Et bien des fois, nous recommençâmes ces parties de chasse joyeuses, sans que personne dans ce pays charmant et hospitalier songeât jamais à les interdire. Sans doute plus d'une ménagère s'affligea, de même que la mère Michel, de la disparition de son minet favori, mais cette disparition dut être mise sur le compte des habitudes libertines de l'animal: ces chats étaient si coureurs qu'ils venaient jusque dans nos casseroles! Et du reste nos chefs étaient si bons, si indulgents! Leur portait-on quelques plaintes? « Bah, Bah! répondaient-ils, laissez-les s'amuser! Vous avez été jeunes aussi! Ne faut-il pas que jeunesse se passe! »

O puissance magique des souvenirs!....Évoqués aujourd'hui à plus de cinquante ans de distance, vous amenez encore le sourire sur mes lèvres; vous me faites encore une fois revivre dans ce passé lointain, où la jalousie, l'envie, le désir de la fortune ne venaient jamais assombrir nos heures joyeuses! Vous ramenez devant moi, comme dans un rêve, les images de tous ces bons et chers camarades de mes vingt ans! Depuis, les destins et les événements nous ont séparés et chacun de nous a suivi un chemin différent. Laure est allé en Australie chercher fortune, l'a-t-il rencontrée? a-t-il revu son berceau natal? Daurensan, Brossière, Comte sont disparus pour toujours! Santelli si gai, si étincelant, est peut-être en Corse aussi taciturne qu'il était gai jadis, le bon Aurran est heureux (il le mérite) auprès d'une compagne bien-aimée dans sa bastide de Saint-Roch auprès de Toulon et moi je suis revenu mourir au gîte dans mon pays natal. Ah! que du moins si ces lignes tombent un jour sous leurs yeux, ils puissent se dire que mon souvenir ému ne les a jamais abandonnés!

CHAPITRE V

LES DUELS.

Pendant mon séjour à la Réunion, j'ai assisté, en ma qualité de médecin, à plusieurs duels, car on y est fort chatouilleux sur le point d'honneur, et de ces duels, il en est deux qui m'ont présenté des particularités assez intéressantes pour être racontées tout au long.

On sait que ce petit coin de terre français a donné naissance à plusieurs poètes aimables, légers et spirituels qui ont occupé une place honorable parmi les poètes du second ordre au commencement du siècle dernier. Je citerai parmi ceux-là de Parny, le chevalier de Bertin, et plus récemment l'Académie française avait admis dans ses rangs M. Leconte de l'Isle, né également à la Réunion, qui a joui dans sa vie d'une célébrité bien méritée.

La famille d'un de ces poètes légers avait encore à l'époque où j'étais détaché à la Réunion, des descendants et comme les créoles sont une race prolifique et qu'il en existe probablement encore, pour éviter de faire des personnalités, je tairais son véritable nom pour lui donner celui de d'Antraygues. Cette famille avait, dans le quartier de Sainte-Suzanne, une fort belle habitation, jouissait d'une assez grande aisance et avait pour voisins immédiats des gens fort estimables et peu fortunés, mais fiers comme des hidalgos de Castille et chez qui la gêne et la vue de l'opulence de leur compatriote avaient fait naître depuis longtemps un esprit de jalousie et d'irritation entretenu par leur peu d'espérance de pouvoir arriver un jour à la fortune. Cette seconde famille était nombreuse et se composait d'une fille et de trois garçons, dont un tout jeune ; les aînés étaient superbes, très forts, agiles, adroits aux exercices du corps. Dédaignant, comme tous les créoles, d'exercer un métier, étant de petite noblesse, n'ayant pas de ressources, pour fonder une maison de commerce, et pas assez d'instruction pour devenir professeurs, avoués ou notaires, ils étaient condamnés à végéter toute leur vie ou à s'expatrier pour aller aux Indes, au Natal, à Madagascar ou à Mayotte s'établir comme colons. Et en attendant, ils vivotaient sur leur plantation, dépensant si peu pour leur nourriture qu'ils pouvaient joindre les deux bouts. Le contraste saisissant entre les deux propriétés et la crainte d'être un jour absorbés par leur voisin plus fortuné et qui n'avait qu'un seul fils, un jeune homme de vingt ans, les animait contre les d'Antraygues, et cette inimitié entre les familles était entretenue par de fréquentes discussions à propos de bornes, de haies, de cours d'eaux, de volailles empiétant sur les propriétés ; cependant les plus jeunes enfants des deux familles ne partageaient pas cet esprit d'hostilité et comme cela arrive souvent, à force d'entendre dire du mal des de Palmès par les d'Antraygues, et des d'Antraygues par les de Palmès, le fils des premiers avait regardé avec intérêt Mlle Emma de Palmès et Mlle Emma s'était dit de son côté, que son voisin n'était pas, ne pouvait pas être si noir et si méchant qu'on voulait bien le prétendre.

Distingué, élancé, bien découplé, M. Léopold, avec ses yeux noirs, ses lèvres pourpres, ses cheveux bouclés, encadrant admirablement sa figure d'un teint mat, avait tout ce qu'il fallait pour plaire à une jeune fille, vivant retirée à la campagne, ne connaissant pas le monde, douée d'une imagination vive et que ne devaient guère charmer la vie sauvage et terre à terre de ses parents et les conversations peu poétiques de ses frères.

De son côté, il sembla au jeune d'Antraygues que Mlle Emma était en réalité une blonde adorable, aux yeux bleus bordés de cils d'une longueur singulière et du plus beau noir. De plus elle était grande, gracieuse, et avait un teint rosé éblouissant extrêmement rare à la Réunion.

Et quand ces jeunes gens se rencontraient, ce qui arrivait souvent, les propriétés étant limitrophes, et les deux familles se rendant régulièrement le dimanche, à l'église de Sainte-Suzanne, tout en ayant grand soin d'abaisser ses paupières et de voiler ses regards, Mlle Emma ne les fermait pas au point de ne pas apercevoir par côté, le jeune d'Antraygues, et apprécier à sa valeur son élégance aristocratique. « Me saluera-t-il enfin, un beau jour, se demandait-elle ? Les querelles des parents obligent-ils les enfants à ne pas se découvrir devant une femme ? »

De son côté Léopold se disait que ne pas saluer une jeune fille, fût-elle un monstre de laideur, n'était pas chose digne d'un gentilhomme français, d'un créole descendant d'un poète raffiné et élégant. Or Mlle Emma était tout le contraire d'un monstre. Jamais bouton de ces roses de l'île Bourbon, si célèbres par leur fraîcheur et leur éclat, n'eut des pétales d'un coloris aussi séduisant que ses joues, jamais rose à cent feuilles n'eut autant d'éclat que ses lèvres vermillonnées, laissant voir, quand elles se relevaient, des perles d'une éblouissante blancheur. Bien que d'une taille élevée, Emma était si admirablement moulée qu'elle représentait la grâce elle-même faite femme. Il y a peu de blondes à la Réunion, mais celles qu'on y rencontre sont réellement admirables et rappellent admirablement, par leur carnation éclatante, les tableaux gracieux des peintres qui les ont le mieux représentées, Greuze et Bouguereau !

« Ne pas saluer un des plus séduisants chefs-d'œuvre, sorti des mains du Créateur, n'est-ce pas une véritable impolitesse ? Un aveugle seul pourrait s'en dispenser, se disait Léopold. Se rappelant d'ailleurs que son père lui avait dit souvent qu'un coup de chapeau donné à une dame n'était jamais perdu, le jeune Léopold s'y décida un beau jour et salua profondément sa voisine en se courbant presque jusqu'à terre pour mieux dessiner son respectueux hommage.

Cette inclinaison profonde l'empêcha d'apercevoir le sourire espiègle et l'air triomphant qui illuminèrent les traits de la jeune fille en savourant cet acte de déférence. Elle y pensa tout le jour, elle en rêva le soir et de son côté le genre de beauté tout spécial et peu ordinaire d'Emma troubla également le sommeil du jeune homme.

Si les femmes brunes sont quelquefois pour nous des anges, *à fortiori* les blondes doivent-elles nous apparaître comme des visions célestes auxquelles, dans notre ravissement, nous prêtons des ailes qu'elles replient pour ne pas s'envoler au ciel et se dérober à nos adorations. Tout au plus permettons-nous à ces divines créatures de nous ravir avec elles au céleste empirée !

Emma répondit au coup de chapeau de Léopold par une belle révérence et à la rencontre qui suivit, leurs regards se croisèrent et l'étincelle électrique jaillit de ce choc en retour. Ils recherchèrent de part et d'autre, les pauvres innocents, les occasions de se retrouver et dès ce moment fut nouée une intrigue enveloppée de ce mystère qui est une séduction de plus pour les cœurs aimants !

Un soir qu'Emma se promenait sous les manguiers au feuillage sombre, une fleur à la main, Léopold lui adressa une prière si humble, un geste suppliant si expressif pour qu'on la lui abandonnât, qu'elle n'osa le désespérer par un refus; elle laissa tomber la fleur et elle rougit bien fort quand elle le vit dévorer la fleurette de ses ardents baisers. Il lui semblait que c'étaient ses lèvres qui recevait ces baisers-là et elle en était toute confuse, ce qui n'empêcha point qu'après la fleur, ce fut un billet, oh ! un tout petit billet, qu'elle accepta et qu'elle lut ou plutôt qu'elle dévora en secret. Un peu plus tard, il demanda, en suppliant, un mot d'espoir, un aveu ; puis ce fut un rendez-vous secret, il le fallait bien avec les mauvaises dispositions de leurs parents. Emma eut la sagesse de refuser tout d'abord ; mais son ami, désespéré, l'assura que si elle était inflexible, ne pouvant plus vivre à la Réunion sans la voir, sans lui parler, il s'expatrierait et abandonnerait plutôt sa patrie... A cette pensée de ne plus le revoir, de le savoir perdu pour elle, elle fut assez folle pour lui accorder ce rendez-vous. Mais les amoureux se lassent-ils jamais de demander un peu plus chaque jour ? Ne commencent-ils pas toujours par là en attendant le moment où ils exigeront !

Après le rendez-vous, il désira un baiser et l'obtint, puis deux, puis trois et s'arrête-t-on jamais dans la voie des concessions ? Les pauvres jeunes gens, sans s'inquiéter du sort qui les attendait, de l'avenir qu'ils se préparaient, ni de l'opposition de leurs parents qu'ils se flattaient de vaincre, voyaient tout en rose ; ils s'aimèrent donc éperdument en secret et prenaient des précautions infinies pour cacher leurs relations; mais il vint un moment où Emma ne put plus cacher sa faute aux yeux de ses parents et on devine la scène terrible qui suivit ses aveux, surtout quand elle révéla à sa famille irritée, le nom, le nom exécré de son séducteur.

La foudre tombant sur leur maison dans le jour le plus serein, n'aurait pas causé une stupéfaction aussi profonde dans la famille de Palmès!

La mère, frappée au cœur, se couvrit le visage

de ses mains et se mit à sangloter, sans que sa douleur pût se manifester autrement que par des plaintes et des gémissements plaintifs. Elle attira sa fille dans ses bras en cachant sa figure sur son sein, rougissant elle aussi quoique bien innocente de la honte de son enfant. Mais le vieux père, un moment humilié lui aussi, redressant sa haute taille, s'écria, dominé par une colère furieuse : « Malheureuse !... Qu'as-tu fait ?... Tu as déshonoré mes cheveux blancs !... Comment as-tu pu oublier nos divisions et nos haines de famille. Ah ! le coup est d'autant plus cruel qu'il nous vient de nos ennemis et la revanche qu'ils ont prise sur nous, doit réjouir leur cœur triomphant ; mais si celle que nous chérissions tous ici a oublié ses devoirs les plus sacrés, j'ai heureusement des fils qui auront à cœur de laver dans le sang, s'il le faut, l'outrage fait à notre famille !

— Oui, oui, mon père, comptez sur nous ! Il faut que la réparation soit éclatante, et elle le sera, nous le jurons !

— Merci, merci, mes braves enfants, je vous reconnais bien là !

— Tant qu'à vous, Emma, ajouta le père, remontez dans votre chambre et vous n'en redescendrez que lorsque je vous le permettrai. Jusqu'à nouvel ordre je vous défends d'en sortir.

— Grâce, mon père, je vous en supplie !... voyez !... J'embrasse vos genoux... Pitié pour moi ! pitié aussi pour lui ! c'est un homme d'honneur... il m'a juré de m'épouser !

— Pauvre abusée qui croit à la loyauté des d'Antraygues, et s'imagine qu'ils se conduiront en gens de cœur ! Je ne les connais que trop, ces enjoleurs de femmes, ces prometteurs aux paroles mielleuses, dont la joie sera indicible d'avoir semé la honte sur nous ! Mais c'en est assez, laissez-nous le soin de régler cette affaire et ne reparaissez plus de quelque temps devant moi ! Vous voir m'est et me sera un supplice trop douloureux !

Et la malheureuse Emma se retira chez elle pour verser, auprès de sa mère toujours compatissante, des torrents de larmes ; sa situation était bien pénible, en effet ; sa faute allait, sans doute, faire verser des flots de sang, déterminer peut-être la mort d'un de ses frères et si ces derniers étaient vainqueurs c'était son amant, son bien-aimé, le père de son enfant qui devait succomber ! Ah ! comme à présent n'étant plus fascinée, frémissante sous l'influence des douces paroles ou des regards dominateurs de Léopold, elle mesurait toute l'étendue de sa faute et maudissait sa faiblesse !

D'autre part, elle se reprenait parfois à espérer ! et elle se rappelait, pour se rassurer, les serments que son ami lui avait faits pour la réconforter lorsque, avertie par les tressaillements de son sein, elle avait fait connaître à Léopold la vérité. A cette idée qu'il allait être dans quelques mois le père d'un petit chérubin, il avait pleuré d'attendrissement, il lui avait juré de ne jamais l'abandonner et de réparer noblement sa faute ; il parlerait à ses parents, à son père surtout et à force de prières et de supplications, ses parents, ne lui ayant jamais rien refusé, seraient peut-être les premiers à céder à ses instances.

Hâtons-nous de le dire, du reste, Léopold, que cette révélation d'une paternité future avait profondément remué, comprenait bien que son devoir était d'épouser le plus tôt possible cette jeune fille qui, confiante, s'était abandonnée à lui. Il l'aimait du reste de toutes les forces de son âme et la pensée qu'elle allait souffrir pour lui, par lui, à cause de lui, mille tortures de la part des siens, faisait couler ses larmes. Sans doute il avait à redouter le premier mouvement impétueux de son père en apprenant qu'il voulait allier deux familles ennemies depuis plus d'un siècle, mais en considérant qu'il était leur seul enfant, il se flattait qu'à la longue, il réussirait à apaiser ses parents et leur persuaderait que là étaient l'honneur et le devoir. Dans son esprit, il reproduisait toutes les objections que son père et sa mère allaient lui faire et il s'attachait à leur répondre victorieusement. Chaque jour il se disait: « Je ne puis plus reculer. Demain, je m'ouvrirai à eux, il en est temps! A quoi bon attendre ?... » Mais le pauvre garçon, dans l'espérance que quelque événement imprévu éclaterait et le forcerait à parler, attendait encore. Cependant lorsqu'il ne revit plus Emma, lorsqu'il comprit qu'elle était sans doute surveillée, et qu'aucun message d'elle ne lui parviendrait, il comprit qu'elle était étroitement surveillée et prit la résolution d'en finir. Caractère faible, irrésolu, quoique très bon, il demanda un matin à son père et à sa mère la faveur d'un entretien.

Son père, marié sur le tard, n'avait abdiqué

qu'à moitié les idées galantes de son aïeul, et bien que son mariage l'eût fort assagi, il aimait à se montrer fort empressé auprès des dames et un de ses plus grands plaisirs, une de ses causeries favorites était de raconter des histoires légères et les succès qu'il avait glanés dans les deux hémisphères pendant les années où il avait navigué comme marin, avant que des rhumatismes malencontreux l'aient obligé à rester dans l'île comme un vieux ponton désarmé échoué sur le rivage de la mer...

« Tonnerre de Brest, monsieur mon fils, s'écria-t-il au début, quel air grave revêts-tu pour nous parler? Qu'y a-t-il donc sous jeu?... Quelque fredaine sans doute à nous confesser? Voyons, dis ce qui a l'air de peser si lourdement sur ta conscience! N'est-ce pas, la mère? Allons parle... Nous t'écoutons!

Et prenant son courage à deux mains, le pauvre Léopold commença le récit de ses amours, les rendez-vous furtifs, son bonheur, ses joies et en écoutant son fils qui marchait si bien sur ses traces, le père buvait du lait. Il se sentait revivre en lui et sans un reste de dignité paternelle, il lui eût crié: « bravo... bravo!... » Mais il le félicitait du regard en donnant des marques d'approbation et intérieurement il était tenté de l'appeler : « Heureux coquin! »

Mais à mesure que le jeune homme déroulait devant ses parents, l'éternelle histoire que l'humanité recommence tous les jours, la mère devenait plus soucieuse; à la chaleur que son fils mettait pour la dépeindre et la retracer, elle comprenait (les mères ont cette secrète intuition) qu'il s'agissait là d'un amour profond, enraciné déjà dans le cœur de son fils et non pas d'un caprice d'un jour, la pauvre femme en devinait le dénoûment peut-être douloureux et elle en souffrait d'avance.

L'affection maternelle est comme un phare qui éclaire par instants les sentiers ténébreux et les passes de la vie qu'il nous faut traverser en y laissant souvent un lambeau de notre cœur et une grande partie de nos illusions. On sort amoindri de ces épreuves, oppressé, doutant de tout et c'est alors que l'amour et les caresses d'une mère sont précieuses pour nous consoler et nous aider à revivre !

— Il te reste à présent, dit le père, à nous dire le nom de ta conquête.

— C'est Mlle Emma de Palmès, dit Léopold à voix basse, prévoyant bien que ce nom allait provoquer un violent orage.

Et en effet, en entendant ce nom détesté, le père et la mère sursautèrent de leurs fauteuils.

— Emma Palmès ? s'écria le père !... Malheureux !

— Grand Dieu, se borna à dire la mère, prévoyant, d'un coup d'œil, des difficultés sans nombre !

— Oui, répondit Léopold, avec assez de fermeté, Emma Palmès, mais ce n'est pas tout. Dans quelques mois la pauvre enfant sera mère !

— Quelle fatalité ! s'écria le père, se souvenant de la fille des Capulet séduite par Montaigu et des sanglantes représailles qui en furent les suites. Cette vision d'un enfant, conséquence de l'entraînement de son fils, tout en lui faisant plaisir au fond, en songeant à l'abaissement et à l'humiliation de ses voisins, lui occasionnait du souci et, l'assombrissait ; c'était une faute qu'on ne pouvait espérer pouvoir cacher dans un petit pays comme la Réunion, et par suite, des complications graves pour l'avenir. D'autre part, la voix émue de Léopold, la chaleur avec laquelle il prenait la défense d'Emma et la nécessité d'une réparation, les pleurs qui mouillaient sa paupière, le caractère violent de ses voisins, les excès auxquels ils pouvaient se livrer, tout cela l'agitait extrêmement. Il se rendait compte qu'il ne s'agissait plus, comme il l'avait cru au début, d'une amourette passagère, ne laissant pas plus de trace que le poisson dans l'eau ou l'oiseau dans les airs, puisqu'il y aurait bientôt un témoignage vivant (*fidus testis*) de cette liaison.

Et quand son fils lui demanda d'une voix ferme, en terminant, de réparer sa faute en épousant Emma, en insistant et en disant que c'était là le devoir d'un homme d'honneur, le père dégrisé tout à fait de ses idées folâtres du début, lui demanda le temps de réfléchir jusqu'au lendemain matin, avant de lui faire connaître sa décision.

Le lendemain, de bonne heure, la mère entrait dans la chambre de son fils fiévreux et tourmenté, et s'efforçait de le préparer doucement au refus inflexible de son père. Pauvre âme sensible et compatissante, elle s'était laissée en tout temps dominer par la supériorité intellectuelle et la volonté de son mari et s'était contentée de ce rôle modeste d'éviter tout froissement entre ses deux affections, le père aux principes orgueilleux et étroits et son fils capable d'étourderies bien légères et bien peu compromettantes jusqu'à cette époque; « mais cette fois, lui dit-elle, mon pauvre Léopold, tous mes efforts ont été inutiles; ne perds pas espoir, mais il nous faut attendre tout du temps; l'essentiel est de ne pas le heurter de front ! »

Cependant le pauvre amoureux voulut entendre son père lui-même lui signifier son refus formel. Pendant la nuit M. d'Antraygues avait eu le temps de préparer ses arguments Il essaya tout d'abord de jeter le doute dans l'âme de son fils.

— Tu n'as pas, crois-moi, l'expérience de la vie et tu ne t'es pas rendu compte que nos voisins ont cherché à te prendre dans leurs filets ? Es-tu sûr qu'ils n'ont pas vu avec plaisir cette intrigue se nouer entre vous deux ? Peux-tu admettre, que si près de vous deux, ils ne s'en soient pas aperçus depuis longtemps ?

— Oh mon père, violents comme ils le sont, je crois que les fils m'auraient tué, s'ils nous avaient découverts et si vous saviez combien Emma était tremblante quand j'étais auprès d'elle !

— Et moi, je crois plutôt à leur commune entente de leur part.

— Je vous en supplie, mon père, ne croyez pas Emma et les siens capables d'une aussi noire pensée !

— Comme tu es jeune ! tu la pares naturellement de toutes les vertus, ta conquête; libre à toi, mais, moi, qui connaît la pauvreté des Palmès, les plus petits propriétaires du pays, je ne serais point étonné que cette famille ait caressé en idée, cette alliance avec nous, comme un moyen de se relever et d'augmenter singulièrement leur considération ! Si tu veux m'en croire, avant de te jeter à leur tête et de contracter une mésalliance irrémédiable, prenons le temps de la réflexion, rien ne presse, nos voisins n'ont pas encore donné signe de vie et de mécontentement ; attendons les événements ; s'ils se taisent et ne bougent pas, nous aurons le temps d'aviser ; si au contraire, ils font du bruit et parlent haut, je te promets de m'occuper sérieusement de toi.

Évidemment M. d'Antraygues, en homme réfléchi et expérimenté, avait pris le meilleur parti, en cherchant à jeter le doute et la défiance dans l'âme de son fils, à le prendre par l'orgueil et il avait recours au meilleur moyen à employer dans les circonstances difficiles, *gagner du temps* et *attendre* !

Les accusations perfides du riche planteur de Sainte-Suzanne n'étaient point fondées et l'offense reçue par les Palmès était trop grave pour que la temporisation fût possible. Dès le soir même, le père, la mère et les deux fils avaient tenu conseil et il avait été décidé que les deux jeunes gens, bien qu'il leur en coûtât beaucoup, se présenteraient le lendemain matin chez leur voisin et lui demanderaient l'honneur d'un entretien particulier.

Leur père leur avait expressément recommandé d'être polis, froids et de ne point s'emporter, afin de ne susciter aucun froissement chez la partie adverse et les fils Palmès se conformèrent scrupuleusement à cet avis. Ils étaient d'ailleurs dans une tenue irréprochable, comme s'ils s'étaient rendus à une fête. Dans toutes ces affaires d'honneur, du reste, je me plais à dire que les créoles ont un tact et une distinction naturelle que leur envieraient beaucoup d'Européens.

L'aîné des frères, grand, élancé, véritable type du créole de Bourbon, prit le premier la parole.

—Nous n'avons pas, monsieur d'Antraygues, à vous exposer la pénible situation dans laquelle M. votre fils a placé notre famille et combien grave est l'offense encore cachée, mais hélas publique avant longtemps. Elle est bien le fait de votre fils qui, nous l'espérons, pour sa réputation d'homme d'honneur, aura à cœur de réparer sa faute. Nous croyons savoir que telle est son intention; nous avons foi dans la promesse formelle du fils et nous comptons sur la loyauté du père pour ne pas mettre obstacle à l'union de ces deux enfants !

—Croyez bien, messieurs, répondit ce dernier, que personne plus que moi ne regrette les faits dont vous êtes venu m'entretenir, mais, comme vous venez de le dire vous-même, ces deux jeunes gens ont agi comme deux enfants. Mon fils n'a pas calculé toutes les conséquences de son entraînement, il s'est conduit comme un véritable fou; de son côté, il me semble que sur Mlle votre sœur, à la beauté de laquelle, je rends du reste hommage, retombe une bonne partie de ce malheur.

— Prétendez-vous, monsieur, que c'est notre sœur qui a fait à votre fils les premières avances?

s'écria le frère cadet qui, trapu, court, les épaules larges et la tête carrée comme un Breton, ne brillait pas précisément par la patience ?

— Tais-toi, frère, je t'en prie, et laisse-moi causer avec M. d'Antraygues, sans m'interrompre, reprit l'aîné et il continua avec le plus grand sang-froid.

— Je suis persuadé que notre sœur, qui a été élevée à la maison, ne s'est jamais écartée du foyer paternel et n'a jamais été dans le monde, n'a pas le plus léger grain de coquetterie. C'est bien votre fils qui s'en est épris, l'a le premier recherchée et avec ses agréments personnels, nous comprenons qu'il n'y ait que trop réussi : d'ailleurs si vous doutez de ce que nous avançons, voici, monsieur, des lettres qui attestent combien son amour était vif et pressant ; veuillez les lire, elles vous démontreront que pour triompher de la résistance de notre sœur il a eu recours à des promesses formelles et à des serments réitérés.

— Je ne veux point, monsieur, prendre lecture des dissertations amoureuses de mon fils, je les devine d'avance, du reste.

— Alors vous refusez de prendre connaissance de preuves justifiant comment votre fils a abusé de l'inexpérience et de la crédulité de ma sœur ?

— Eh ! monsieur, c'est aux filles à se défendre et à se garder et si les hommes devaient épouser toutes les jeunes filles assez confiantes pour ajouter foi à leurs serments d'un jour, leur existence fût-elle de neuf cents ans, comme celle de Mathusalem, n'y suffirait point !

— Mais, monsieur d'Antraygues, il ne s'agit point

ici d'une amourette passagère. C'est votre fils lui-même qui, en désirant remplir ses engagements, tient à donner toutes réparations à une jeune fille qu'il reconnaît hautement digne de l'affection d'un honnête homme ! Réfléchissez un instant, je vous en prie, aux conséquences de votre refus. Elles sont d'une gravité exceptionnelle. Si votre fils n'épouse pas ma sœur, elle est à jamais déshonorée, condamnée à vivre à l'écart du monde ; songez à son désespoir ; prenez aussi pitié de cet enfant qui n'aura pas de père ! songez au chagrin mortel de notre vieux père, à la tristesse de ses derniers jours et laissez-vous attendrir !

Croyez-vous, du reste, que s'il y a tache et opprobre pour nous, cette tache, cet opprobre ne rejailliront pas aussi sur vous ? Pensez-vous que les hommes de cœur ne crieront pas bien haut que sa conduite est celle d'un misérable et d'un malhonnête homme ? L'opinion publique se range toujours du côté des faibles et on reprochera éternellement à votre fils d'avoir employé tous ses moyens de séduction, promesses, serments, parole d'honneur écrite et verbale pour entraîner et abandonner lâchement une jeune fille à qui il n'a absolument rien à reprocher, si ce n'est de l'avoir trop aimé ?..

— Mon dieu ! mon cher monsieur, reprit M. d'Antraygues, avec cette ironie insultante du grand seigneur, vous plaidez très bien la cause de Mlle Emma, mais je regrette vraiment de ne pouvoir me rendre à vos raisons, mon fils est réellement trop jeune pour que je songe à le marier aujourd'hui.

— Pouvez-vous du moins nous laisser une promesse pour plus tard?

— Je ne sais et je ne puis guère m'engager dans l'avenir pour Léopold; à son âge on est si changeant!

— Ainsi! vous êtes impitoyable!.... c'est cruel! mais cependant, avant de nous retirer, je vais vous faire une proposition de la part de notre père lui-même. Il est possible que vous ayez rêvé pour votre fils un parti plus brillant, et ce désir était bien légitime. Eh bien, monsieur, nous sommes décidés, notre père et nous, si vous consentez à cette union, à abandonner tout ce que nous possédons à notre sœur; elle apportera en dot à M. Léopold notre habitation et les terres qui vous avoisinent; cela agrandira et arrondira votre propriété. Notre vue pourrait vous être désagréable, eh bien ! nous vous l'épargnerons. Ce coin de terre que vous avez dû envier plus d'une fois, et qui a été si souvent l'occasion de démêlés et de procès dont nous subissons aujourd'hui le contre-coup, vous appartiendra en totalité. Nous sommes jeunes, adroits, résolus et vigoureux, eh bien, nous irons à Mayotte, à Madagascar ou au Natal nous faire une situation et nous emmènerons nos vieux parents avec nous. Ils consentent d'avance à ce douloureux et bien cruel sacrifice. Acceptez-le, ce sera la fin de nos angoisses!

— Voilà bien, répondit M. d'Antraygues, l'élan de cœurs véritablement généreux, et je vous en félicite, messieurs; mais ma résolution est prise; mon fils est trop jeune pour se marier... Plus tard, il fera ce qu'il jugera à propos, mais je suis sûr qu'il ferait à présent un bien mauvais mari... Il faut que la gourme se jette pour le cheval et que pour l'homme, jeunesse se passe !

— Alors vous excusez votre fils et vous trouvez sa conduite toute naturelle ? Il aurait bien dû, monsieur, diriger ses recherches ailleurs que chez nous et ne pas porter une flétrissure dans une famille qui, à défaut de richesse, jouissait d'une réputation sans tache ! Mais, pouvez-vous du moins nous affirmer que vous êtes, en parlant ainsi, le porte-parole de votre fils et l'interprète de ses volontés. A-t-il, à quelques jours de distance, pu oublier ses promesses, ses engagements ?

— Sans pouvoir l'affirmer, je le crois et l'espère, répondit d'Antraygues.

— Alors, je n'ai plus, dit le fils aîné des Palmès, qu'à vous mettre sous les yeux, les conséquences de votre refus. Vous devez bien penser que nous ne subirions pas un pareil affront sans exiger une réparation sanglante, nous ne sommes point gens à baisser la tête devant l'injure. Dieu m'est témoin qu'en venant près de vous j'ai fait l'impossible pour obtenir une paix honorable et je vous supplie à nouveau de réfléchir à ce que je vais vous dire :

« Vous n'avez qu'un seul fils et avec lui s'éteindra votre race. Ce fils, Mme d'Antraygues et vous, vous l'aimez bien tendrement et sur sa tête vous faites reposer tous vos projets d'avenir, de même que toutes vos espérances, toutes vos joies pour le présent. Votre refus inexorable va faire de nous des ennemis implacables, qui seront sans cesse en sa présence, ne lui laisseront pas une minute de tranquillité et le provoqueront chaque jour. Il pourra tuer l'un de nous, mais un autre surgira pour le remplacer et après nous deux, surviendra notre frère encore bien jeune, mais que nous aurons à cœur d'élever dans les mêmes sentiments de haine insatiable. J'ai dit : choisissez, monsieur, entre une paix honorable, approuvée par tous les honnêtes gens, ou une inimitié qui ne s'éteindra qu'avec le sang et la mort! »

Pendant que son adversaire tenait ce ferme langage, la certitude des dangers qu'allait courir son fils bien-aimé, fit passer, dans tout le corps du père, un long frisson de crainte. Une minute, il se représenta son fils revenant d'un de ces duels, le corps sanglant, inanimé. Comme on le lui faisait pressentir, Léopold pouvait vaincre une première fois, mais triompherait-il une seconde, une troisième, avec cette vendetta perpétuelle dont on le menaçait ? et il se disait que son refus inflexible l'exposait à tous ces dangers, que peut-être il serait la cause de la mort de son fils et il fut sur le point de donner son consentement ; mais une fausse honte l'en empêcha. Il ne voulut pas avoir l'air de céder, d'avoir peur; et cessant de se représenter une fâcheuse issue, confiant dans son étoile d'homme heureux, il résolut de laisser aller à leur gré, les événements et répondit à ses interlocuteurs que sa résolution était irrévocable pour le moment, que si Léopold à 25 ans, voulait réparer sa faiblesse, il en serait parfaitement le maître, mais que d'ici là, il ne donnerait jamais son consentement, ajoutant que cette résolution, il la maintiendrait non seulement pour

Mlle Palmès, mais encore pour toute autre personne et qu'il leur en donnait sa parole ! »

C'était un refus absolu quoique légèrement adouci. Les Palmès n'insistèrent point et se retirèrent la rage au cœur.

M. d'Antraygues défendit à son fils de sortir de la maison, redoutant de ses adversaires des voies de fait.

Mais ils n'étaient point gens à remettre à longtemps le plaisir de la vengeance, et dès le lendemain ils envoyèrent leurs témoins au fils d'Antraygues qui à son tour désigna les siens. On décida que le surlendemain au matin, un duel à l'épée aurait lieu dans le voisinage de Sainte-Suzanne. Il fallait un chirurgien en cas d'accident et ayant rencontré dans le monde Léopold, il me pria d'assister au duel, ce que j'acceptai : au premier moment je parlai de conciliation ; mais en quelques mots on me mit au courant de la cause du duel et je compris que c'était inutile.

On se figure aisément les transes mortelles dans lesquelles vécut pendant deux jours la pauvre Emma redoutant une issue fatale pour ses frères, ou pour son amant ; celles du père de Léopold n'étaient pas moindres et son invincible orgueil seul l'empêcha de revenir sur sa détermination.

Je vis là, pour la première fois, sur le terrain les deux frères, l'aîné était réellement un garçon superbe ; grand, bien fait, hardiment planté sur ses jambes, mais n'ayant jamais de sa vie tenu une épée, tandis que Léopold avait pris des leçons du maître d'armes du régiment d'infanterie de marine.

Mais un instant avant que les combattants se soient déshabillés, que les témoins eussent mesuré les fleurets et les mettant aux mains des adversaires leur eussent dit le mot sacramentel : « Allez, messieurs ! » il se passa un événement inattendu et qui nous stupéfia tous : Le plus jeune des deux frères, que j'ai dépeint précédemment et qui était un garçon épais, courtaud, robuste, au front bas et étroit, indice d'une nature entêtée et violente, était le second témoin de son frère et avait pris part aux préliminaires habituels du duel, restant au milieu de nous avec une cravache sous le bras quand tout à coup, au moment où les adversaires allaient prendre les armes, il empoigna les bras de Léopold avec sa main gauche pendant que de la droite, il cingla d'un coup de cravache sa figure en lui disant : « Voilà pour toi, je tenais à châtier comme il le mérite un bellâtre et un lâche comme toi » et il continua à lui appliquer sur le corps une douzaine de coups sans que Léopold pût échapper à son étreinte puissante. Cependant les témoins et les médecins indignés mirent fin à ce pugilat sauvage en reprochant à ce monsieur sa conduite déloyale. Il nous répondit : « Et sa conduite à lui, n'est-elle pas mille fois plus abominable ? » et nous nous tûmes, car au fond n'avait-il pas raison ? Quant à Léopold il écumait de rage et demandait à grands cris son fleuret ; l'aîné des Palmès, déconcerté lui-même par cette brutale agression, saisit son arme avec empressement. Son adversaire désireux de tirer vengeance de son affront l'attaqua avec fureur. Mais quoique ignorant (c'était évident) les premières notions d'escrime, favorisé par sa taille et la longueur de son bras, il se bornait à garder celui-ci étendu, en maintenant la pointe de l'épée à la hauteur des yeux de sorte que d'Antraygues avait à craindre, en se fendant, de s'enferrer lui-même.

A la seconde reprise, Palmès fut atteint au poignet d'une blessure en séton assez profonde qui engourdit le bras, le tuméfia en un instant, et qui fit tomber son épée de ses doigts. Cette blessure mit fin au combat.

Les adversaires se saluèrent froidement et se séparèrent, mais Palmès le rageur ne put s'empêcher de dire : « Vous savez que je ne marcherai plus qu'avec ce joujou et toutes les fois que je vous rencontrerai, vous ferez connaissance avec ma cravache.

— Vous faites bien de m'avertir, répondit Léopold, et moi de mon côté je vous avertis que je porterai toujours sur moi mon revolver et que si vous m'attaquez, je vous tuerai comme un chien enragé. En attendant, vous venez d'élever entre votre sœur et moi un obstacle invincible. Jamais je ne me marierai avec elle ! »

Bien que son fils fût sorti indemne de ce duel, la perspective d'une prochaine rencontre inquiétait énormément le père ; il savait que les de Palmès tiendraient parole et à la pensée que la vie de son fils était menacée sérieusement tourmentait sans cesse l'ancien beau. D'un autre côté, l'idée de recevoir de nouveaux coups de cravache était insupportable pour le jeune d'Antraygues; d'autre part la mère ne vivait plus, en sorte qu'ils prirent le sage parti de renvoyer Léopold en France par le premier navire en partance. Là seulement, il serait à l'abri des insultes de ses adversaires et pourrait vivre tranquille.

Son départ eut lieu secrètement peu après et ayant quitté moi-même la colonie, quelques mois après, j'ignore si le temps et l'éloignement ont mis fin aux désirs homicides des Palmès ou si le jeune d'Antraygues a réparé sa faute en épousant son amante éplorée et en reconnaissant son jeune enfant ! . . . .

. . . . J'ai encore assisté à Saint-Paul de la Réunion, à l'hôpital duquel j'étais alors attaché, à un autre dùel assez singulier.

Saint-Paul est la seconde capitale de l'île, mais est infiniment moins peuplé, moins commerçant que Saint-Denis et les distractions n'y abondent pas précisément ; aussi officiers, commissaires de marine, chirurgiens et employés avaient-ils l'habitude de passer une grande partie de leur temps à l'hôtel de France où beaucoup d'entre nous prenaient pension et auquel était annexé un cercle très convenable où après les repas on se réunissait pour deviser de choses et autres et jouer la consommation. Le soir nous nous promenions sur le débarcadère en fer pour humer la brise marine et nous revenions vers les 9 heures au cercle pour y prendre, non loin du rivage, des glaces, assis dans de confortables fauteuils en rotin à dos renversés en arrière, bien faits pour inviter à la rêverie ou au sommeil.

Le climat de Saint-Paul passe pour le plus chaud de la colonie, la ville se trouvant placée au fond d'une baie dominée de tous côtés par de hautes falaises qu'il faut escalader pour arriver aux habitations où se cultivent le caféier, le géroflier, les cannes à sucre surtout et aussi les légumes et les arbres à fruits nécessaires à l'existence des créoles qui aiment très peu le bœuf et le mouton.

Au nombre des pensionnaires les plus assidus de l'hôtel de France, on comptait un professeur de musique aussi charmant homme qu'habile musicien, nommé Fourtado. Il était venu, il y avait trois ou quatre ans, comme basse chantante dans une troupe jouant l'opéra et l'opéra-comique au théâtre de Saint-Denis.

C'était un fort bel homme, d'une superbe prestance et doué du physique le plus avantageux. D'une tenue parfaite, chantant admirablement, et doué d'un registre remarquablement étendu dans le genre de Martin, il avait fait florès dans la capitale et les diverses localités où la troupe, après avoir épuisé son succès à Saint-Denis, avait, tour à tour, donné des représentations. Les créoles passionnés pour la musique et bien dotés sous le rapport du dilettantisme, adorent le théâtre et se priveraient de toute chose au monde plutôt que de manquer une belle soirée, malgré la chaleur ou les orages. Les blancs, les petits blancs et même les nègres, appelés là-bas citoyens, bien que parqués au Parterre, à cause de l'exiguïté de leur bourse bien plus qu'en raison de la différence des castes (1), sont fous de musique, ont l'oreille très juste et une facilité surprenante à retenir les airs. Quant aux citoyens ils imitent comme de vrais singes, l'accent, les gestes, le ton, les intonations des artistes et jusqu'aux paroles qu'ils entendent et répètent sans les comprendre et en les écorchant un peu.

Il advint malheureusement pour cette troupe d'artistes ce qui advient toujours en pareil cas. Après cinq ou six mois de séjour à Saint-Denis, le répertoire était épuisé en même temps que l'argent disponible des créoles. Leur bourse était vide, les toilettes de ces dames et demoiselles avaient été vues plusieurs fois et il n'était pas possible de les renouveler, le mari las de tous ces frais, mettait un cran à la dépense, l'amour-propre des femmes s'en mêlait, bref, le théâtre était délaissé. Il fallut plier bagage et la troupe se rendit à Saint-Paul où elle recueillit de nouveaux succès qui finirent par pâlir aussi, puis à Saint-Pierre qui est une ville enrichie par l'agriculture où se trouvent les propriétaires les plus fortunés de l'île. Enfin, la troupe, de retour à Saint-Denis, finit par se disloquer. Quelques-uns des artistes, séduits par la douceur de la vie coloniale, se décidèrent à rester dans l'île et y vivotèrent en donnant des leçons de chant et de piano ; d'autres, et ce fut

---

(1) A la Réunion on est bien plus tolérant que dans nos autres colonies et surtout qu'aux États-Unis ; les mulâtres et même les noirs bien élevés ou occupant une certaine position, sont camarades des blancs et reçus au gouvernement ainsi que dans les salons de la société.

le plus grand nombre, furent rapatriés par leur impresario, heureux d'avoir ajouté un chapitre de plus et tout à fait inédit à leurs souvenirs de cabotinage.

Fourtado prit le premier parti et resta à Saint-Paul. Sa physionomie souriante, son aménité, ses bonnes manières, sa belle voix de basse moins sujette à se fatiguer qu'une voix de ténor à qui on impose de nos jours des tours de force, les sympathies qu'il s'était créées dans ce pays hospitalier lui attirèrent de chaudes sympathies, en même temps que des élèves nombreux. Bien qu'il existât dans ce beau pays de Saint-Paul une cinquantaine de familles à voir, c'est-à-dire une société choisie, on y mourait d'ennui ; il y manquait un élément de plaisirs, des réunions artistiques et attrayantes. A part uue ou deux soirées dansantes par année, chacun restait chez soi. Fourtado résolut de rompre les glaces en organisant une société philharmonique réunissant les musiciens (1) qui déjà se trouvaient

---

(1) Ce penchant pour la musique, dont j'ai parlé tout à l'heure, est inné chez le noir et cela non seulement dans les colonies françaises, mais partout dans les États du sud, au Brésil, au Pérou, etc. Quand il ne dort pas, il chante et sans effort il improvise et les paroles et un air qu'il ajuste tout de suite à ses paroles. On pense bien que ces paroles, n'ont aucune ressemblance avec les vers de Lamartine mais l'air est entraînant, marque bien la mesure et les paroles reprises en chœur par les autres citoyens les aident à travailler, porter leurs fardeaux, oublier la fatigue d'autant qu'en même temps, ils font assaut de grimaces et de contorsions pour rendre leurs mélopées plus entraînantes.

à Saint-Paul, et en y joignant les élèves qu'il formerait. Il créa également un orphéon qu'il dirigea avec un soin jaloux. Excellent accompagnateur, s'entendant à merveille à l'orchestration, il sut en un mot utiliser toutes les ressources qu'il avait sous la main et en orga-

---

Du temps de l'esclavage, quand leurs maîtres remarquaient en eux des dispositions pour la musique, ils leur faisaient apprendre la musique instrumentale et surtout les instruments à cordes (violon, alto et basse) et les louaient alors fort cher pour jouer et faire danser dans les soirées particulières et les grands bals donnés dans la colonie par le gouverneur.

Jamais dans les fêtes officielles données par M. Doret et plus tard par M. Hubert-Delisle, il n'y eut d'autre orchestre que celui de *Pa Guillaume*, un vieux citoyen d'une soixantaine d'années, qui venait avec son orchestre de moricauds s'installer sur une haute estrade placée dans le vestibule de la salle d'entrée. Je puis affirmer que ce *Pa Guillaume* était un personnage à étudier ; aucun orchestre de France n'était capable de faire danser comme lui ; toute sa musique était de sa composition et ses camarades accompagnaient merveilleusement ses airs improvisés sans avoir besoin de lire une note de musique. Je fredonne encore parfois certains de ces airs absolument entraînants auxquels on adaptait des paroles aussi banales que celles-ci :

> Pa encor minuit.
> Pa Guillaume lé sou,
> Pa Guillaume lé las,
> Traderi, deri, de là.
> Si vi veux danser
> Pa Guillaume lé sou
> Pa Guillaume lé las.
> Quitt vot falbala
> Traderi, deri delà, etc.

Eh bien ! avec cette musique endiablée, tout le monde

niser de nouvelles en sorte que grâce à lui, la ville de Saint-Paul finit par sortir de sa torpeur coutumière ; les concerts de la phil-

---

était transporté. Je me rappelle quelques paroles d'une polka du même auteur :

> Dans' comm'un bambou
> Citoyen Bancou
> Dans' comm' un bambou
> Comme un calimet

jouée par les violons, et reprise ensuite au refrain par les clarinettes. Eh bien quand celles-ci lançaient dans les airs leurs coincoins, en même temps que les trombones, les danseurs étaient réellement électrisés, cet air-là eût mis en mouvement des paralytiques et ranimé des morts !

Aussi ces bals du gouverneur étaient-ils superbes ; de chaque côté du vestibule où se tenait l'orchestre s'ouvraient deux larges baies donnant dans deux immenses salons.

J'ai assisté, dans ma vie, à des bals princiers et même royaux dans les pays étrangers. J'en ai vu de merveilleusement organisés à Paris à l'hôtel de ville et à l'hôtel de la Présidence. Ornementation, fleurs rares, sculptures et dorures en rehaussaient l'éclat et la splendeur, mais je n'en ai jamais vu où les femmes fussent aussi belles, couvertes d'autant de pierres précieuses, de bijoux et de diamants, où les salons aient offert aux assistants un coup d'œil aussi féerique que ceux du gouverneur de la Réunion !

Et de plus, il existait là-bas une délicieuse coutume qui reposait de la danse, faisait grand plaisir aux dames d'un certain âge, fatiguées de faire tapisserie et d'orner le fond des banquettes, je veux parler de la promenade.

Deux ou trois fois par soirée, Pa Guillaume, tout en dodelinant un peu de la tête quand minuit avait sonné, entamait une marche triomphale et chacun des assistants, prenant une dame sous son bras, parcourait au pas et en mesure les salons, et passait l'inspection des toilettes de ses voisines ou des nouvelles débarquées, en échangeant avec sa compagne des remarques plus ou moins charitables.

harmonique furent donc suivis avec grand plaisir et acquirent même une certaine célébrité dans un pays où, comme je l'ai dit, on aime passionnément la musique et où, du petit au grand, du blanc à l'humble citoyen, tout le monde chante et improvise presqu'instinctivement!

D'après cette esquisse de la vie à Saint-Paul, décrite du reste par George Sand dans ce livre charmant d'*Indiana* qui a ravi notre jeunesse et charme encore les amoureux, il est facile de comprendre que si la nature y est splendide, l'existence devait être vide et monotone. Elle se passait au café.

Sur ces entrefaites, un lieutenant d'infanterie de marine, revenant de Sainte-Marie de Madagascar, où il avait contracté avec les fièvres intermittentes un commencement d'hépatite, était venu passer quelques jours de congé auprès de son capitaine, M. Marix, commandant le détachement de Saint-Paul. Rien ne développe autant l'irritabilité de l'esprit que ces accès périodiques de fièvre intermittente. On espère à la fin de chaque accès qu'on ne les reverra plus revenir, et leur réapparition est une vive déception en même temps qu'une cause d'affaiblissement. Or le lieutenant Dumontier était non seulement atteint de cette fièvre rebelle à la quinine, mais il était encore miné par une inflammation du foie, organe qui, au point de vue du moral et du caractère, joue un rôle très actif dans notre organisme, le moindre mal de ce côté nous rendant maussades, hargneux, querelleurs et agressifs.

Ceci explique comment à propos d'une simple

partie de whist où Fourtado était le partner de Dumontier, celui-ci fit une observation un peu vive au maître de musique pour n'avoir pas répondu à son appel. Celui-ci s'excusa de n'avoir pas compris l'invite qui lui avait été faite.

— Quand on ne connaît pas, monsieur, les règles les plus élémentaires du whist, on ne le joue pas et on ne se propose pas pour être le partner de quelqu'un, répondit aigrement le lieutenant!

— Mais, lieutenant, permettez-moi de vous faire observer que je ne me suis présenté pour être le vôtre, que parce que vous étiez en peine pour trouver un quatrième et que je vous ai prévenu que je n'étais pas de première force. En second lieu, je ne joue moi, que pour me distraire et passer le temps. Mais si, au lieu de cela, je dois recevoir des reproches, ma foi, j'aime beaucoup mieux abandonner la partie et ce disant, M. Fourtado se leva et repoussa les cartes qu'il avait devant lui.

— C'est cela, répliqua le lieutenant, à une bêtise, on en ajoute une autre, sans compter l'impolitesse!

— Bêtise!.... Impolitesse!.... répondit Fourtado!.... Comment l'entendez-vous, monsieur?....

— Allons, messieurs, fit un joueur, un peu de calme, s'il vous plaît!

— Whist, veut dire silence, exclama un autre!

Mais Dumontier s'était levé à son tour et sa figure d'ordinaire couleur de cire sous l'influence de ses accès de fièvre, était soudainement devenue couleur de brique.

— Entendez-le comme il vous plaira, s'écria-t-il avec hauteur, et j'ajouterai qu'il n'y a qu'un méchant cabotin pour se conduire de la sorte.

— Alors, dit M. Fourtado, c'est vous qui prétendez donner des leçons de savoir-vivre et de convenance aux gens ?

— Parfaitement, je le prétends !

— Eh bien, moi, je ne les recevrai que sur le terrain, et au besoin, j'en donnerai !

— Qu'à cela ne tienne ! Demain à la première heure, répliqua le lieutenant, nous règlerons cette affaire.

Les assistants avaient vainement cherché au début à arrêter cette querelle ; s'interposer encore en voyant la colère violente du lieutenant n'eût été qu'enflammer davantage les deux adversaires ; chacun de nous en comprenait l'inopportunité et se réservait pour plus tard.

En effet quand, dès le soir, Fourtado et le lieutenant se mirent en quête de témoins, l'ami de ce dernier, le capitaine Marix, s'empressa de se récuser, disant que l'origine de la querelle n'était pas sérieuse, qu'il n'y avait là qu'une question d'amour-propre en jeu, ne méritant pas de mettre en péril la vie de deux hommes d'honneur, bref le capitaine l'engagea à s'adresser ailleurs pour avoir des témoins.

De son côté, Fourtado ne réussit pas mieux pour en trouver ; tour à tour consultés à cet égard, les assistants refusèrent net et d'autres personnes parmi ses élèves et ses amis mis au courant de l'incident ne trouvant point là matière à un duel sérieux, se récusèrent également.

Voilà nos deux rivaux bien en peine. Se battre sans témoins pour une affaire où l'offense avait été si légère pour tous les deux, ce n'était pas possible. Chacun d'eux, la nuit écoulée, ne s'était point réveillé le lendemain avec, au fond du cœur, une de ces haines, ou cette soif de vengeance pouvant légitimer cette absence de formalité essentielle. Ils sentaient bien d'ailleurs qu'après tout, leurs camarades avaient raison de refuser; mais l'amour-propre les soutenait et leur conseillait de ne point céder. Fourtado, lui, tenait à démontrer que le cabotin pouvait manier une épée pour de bon, ailleurs que sur un théâtre, et Dumontier aurait rougi de reconnaître qu'il avait eu tort de provoquer, *ab irato*, un brave garçon qui n'avait aucun tort! mais, un militaire reculer devant un pékin? C'eût été trop humiliant!

On ne pouvait cependant rester dans cette situation et à défaut d'autres témoins, le lieutenant pour sortir de l'embarras où sa violence maladive l'avait jeté, alla dès le matin parler à deux sous-officiers et à deux simples soldats. Il leur expliqua qu'il devait se battre le jour même en duel avec un bourgeois et qu'ils lui rendraient service en remplissant l'office de témoins, enfin il leur donna rendez-vous à 11 heures, ce matin même, à l'ancienne batterie sur le bord de la mer.

Restait la question des armes et celle du docteur à trouver. Dumontier, à qui la prompte solution de cette affaire semblait importer beaucoup, demanda au capitaine de lui prêter ses pistolets; l'épée devant être trop avantageuse pour lui. Quant au docteur, mon chirurgien-major, M. Bel, ayant déclaré qu'il ne voulait pas assister à ce duel, Fourtado vint me supplier de vouloir bien être auprès de lui et tout en maugréant, je n'osai pas lui refuser d'être présent. Le lieutenant vint aussitôt m'apporter les pistolets et les mit sous ma garde en jurant qu'il n'y avait jamais touché et il m'apprit que les sous-officiers devaient, quelques heures après, apporter sur le lieu du combat, de la poudre et des balles.

Deux heures après tout le monde était rendu sur le lieu du combat. Cette batterie de la marine semblait du reste remplir merveilleusement le but que nous nous proposions. Qu'on se figure un long parallélogramme côtoyant le rivage revêtu sur ses quatre faces d'un rempart en terre assez élevé pour mettre l'intérieur du fort à l'abri des regards extérieurs, à moins de les escalader. Du reste, personne aux alentours. Ces messieurs se saluèrent tout d'abord et chacun d'eux se retira à une extrémité du fort, attendant que leurs témoins, se tenant au milieu de la place, leur disent que tout était prêt.

Étant tout près d'eux, je m'aperçus bientôt combien ils étaient novices en matière de duel. Car ils me parurent fort embarrassés pour charger leurs armes et bientôt un des sous-officiers me fit signe d'approcher.

— Monsieur le major, me dit-il, vous nous voyez bien en peine ; les pistolets d'arçon que vous nous avez remis sont de plus petit calibre que les balles que nous avons apportées et il faudrait absolument aller à Saint-Paul chez l'armurier pour en trouver qui puissent s'adapter au calibre de ces pistolets. Que faut-il que nous fassions ?...

Je réprimai avec peine la manifestation de ma joie intérieure. Deux braves jeunes gens ne risqueraient donc pas de s'entretuer pour une méchante querelle de mots et un accès de mauvaise humeur !

Je dis à ces sous-officiers qui venaient de charger les pistolets à poudre : « il faudrait une demi-heure à trois quarts d'heure pour aller à la ville chercher de nouvelles balles et de plus nous ne sommes pas certains de trouver chez l'armurier des balles de ce calibre. Ces messieurs sont prêts à se battre et ce serait prolonger le supplice de l'incertitude chez ces deux braves garçons qui se battent à propos de rien. Mettez donc dans les deux pistolets une nouvelle charge de poudre et puis vous n'aurez qu'à les mettre en face l'un de l'autre, à vingt-cinq pas, vous compterez ces pas à voix haute. Alors vous leur remettrez à chacun un pistolet en leur disant qu'au premier coup frappé dans vos mains en disant : *un*, ils relèveront leurs armes ; qu'au second coup et au commandement de *deux* ils viseront et qu'au troisième coup et quand vous direz *trois*, ils tireront l'un sur l'autre. »

En remettant à chacun d'eux son pistolet, vous leur ferez donner leur parole d'honneur qu'ils ne se sont jamais servis de cette arme. Avant de donner le signal, deux d'entre vous se placeront d'un côté et deux de l'autre, aussi loin que possible de la ligne du tir, bien qu'au combat d'aujourd'hui, nous sachions à l'avance qu'il n'y aura ni mort ni blessé, mais, je vous en prie, soyez en cette circonstance sérieux et surtout discrets !

Ces préliminaires de la rencontre furent parfaitement appliqués et ma joie intérieure était grande à la pensée que cette affaire née d'un rien et qui pouvait finir d'une façon tragique allait s'évanouir en fumée. J'étais donc parfaitement tranquille et fort à mon aise pour suivre des yeux l'attitude, les gestes des deux ennemis et les péripéties de ce simulacre de combat !

Je me hâte de le déclarer ; ces deux hommes calmés par un intervalle de quelques heures écoulées depuis leur discussion n'avaient pas du tout l'air furieux que j'ai observé plus d'une fois chez certains duellistes aux regards chargés de haine et désireux de laver dans le sang une offense mortelle ; leurs traits n'étaient pas contractés par cette fureur, cette soif du trépas de ces adversaires que les peintres retracent avec tant d'exactitude dans leurs tableaux représentant une bataille. Ils furent l'un et l'autre calmes, froids et corrects, tous les deux s'effacèrent autant qu'ils purent, déchargèrent en même temps leur arme et aussitôt s'avancèrent l'un vers l'autre en se tendant la main.

—Avouez, messieurs, leur dis-je après la réconciliation, que le motif de votre discussion était bien futile et qu'il eût été vraiment déplorable que l'un de vous eût succombé ou eût été blessé pour une aussi misérable querelle !

Ils l'avouèrent volontiers et ajoutèrent que les pistolets n'avaient pas été chargés pour rire, tellement la secousse avait été violente. Fourtado prétendit même avoir entendu siffler la balle qui avait passé près de sa tête. Il a dû en parler toute sa vie.

— Et maintenant, ajoutai-je, que vous avez, messieurs, donné la preuve d'un magnifique courage et que vous vous êtes tendu la main, allons à l'hôtel rassurer nos amis, et le verre en main fêter votre réconciliation : Je me fais une fête de votre entrée triomphale et de la satisfaction de nos bons camarades.

On donna une piastre à chaque escouade en leur disant de les boire à la santé de ces messieurs. Mais la recommandation était, je crois, superflue ; ils le firent religieusement ; cependant encore une fois, avant de les quitter, je les engageai à garder la discrétion la plus absolue et de fait, ils tinrent parole. Tout le monde à Saint-Paul crut que le duel avait été fort sérieux.

Plut au ciel que dans des circonstances semblables et aussi peu graves, des témoins aussi habiles prestidigitateurs que Robert Houdin pussent escamoter les balles et moucheter d'une manière invisible la pointe des épées, il y aurait bien des larmes de moins de répandues et beaucoup de personnages distingués, utiles à la patrie, à leurs familles, à leurs concitoyens n'auraient pas succombé à la fleur de l'âge, laissant après eux un souvenir désolé et des regrets douloureux !

CHAPITRE VI

ÉLISE.

Simple histoire.

Aussitôt après la découverte des îles de France et de Bourbon, un certain nombre de matelots, de voyageurs et de chercheurs d'aventures de toutes les nationalités, séduits par la douceur du climat et la fertilité d'un sol que la charrue n'avait jamais effleuré jusque-là, se fixèrent sur le nouveau rivage ou dans l'intérieur ; mais quand plus tard, ils voulurent se créer un domaine proportionné à leurs forces, à leur amour du travail et à leur esprit d'entreprise, ils s'aperçurent bientôt qu'à travailler cette terre sous les rayons d'un soleil ardent, leur santé d'Européen s'effondrerait bien vite et ils songèrent alors à faire venir de la côte orientale d'Afrique et de Madagascar qui sont tout près, des gens de couleur, plus aptes qu'eux à supporter les travaux fatigants qu'exige la culture de la canne à sucre et du café.

A ces Madécasses (c'est le nom général des habitants de Madagascar et aux nègres venus du Natal ou de Mozambique), s'ajoutèrent encore des Indiens qui vinrent aussi en grand nombre des rivages de l'Indoustan avec qui Bourbon et l'île de France étaient en relations constantes ;

ces Indiens étaient également propres à cultiver le sol malgré la chaleur des tropiques.

Ces Indoustani, d'une civilisation et d'une intelligence plus avancées que les premiers esclaves d'Afrique, étaient plus souples, moins sournois, d'un caractère bien plus doux, que les Madécasses, tout en étant capables de résister à la fatigue. De leur croisement avec les blancs, il en était résulté une race ou un type moins foncé, présentant, à part la teinte bistrée de leur visage, le galbe des Européens, c'est-à-dire le front bombé, un nez droit, effilé, des lèvres peu charnues, des dents fort belles et un menton saillant. Leurs cheveux noirs étaient longs et lisses, leurs extrémités déliées, leurs membres bien proportionnés et à la finesse de leurs traits les femmes joignaient la légèreté de la démarche et une certaine élégance naturelle dans les formes ou dans leurs manières que la race noire n'atteindra jamais.

De telle sorte que cette nouvelle race d'esclaves ou de colons étant susceptible d'une éducation plus développée, c'était à qui possèderait ces Indiens comme serviteurs et surtout ces femmes indiennes ou leurs enfants aux instincts plus doux, plus dociles, apprenant facilement, quand on les instruisait de bonne heure, une profession rapportant un certain revenu, dont une partie revenait au maître et l'autre à l'esclave. Les garçons apprenaient généralement un métier ; les filles commençaient par être bonnes d'enfants, plus tard elles devenaient lingères, couturières, tisseuses, repasseuses, etc. Elles jouissaient alors d'une certaine liberté à la Réunion et pourvu qu'elles fussent fidèles et rapportassent à la maison, où elles avaient été élevées et dont elles étaient la propriété, une certaine somme par semaine, elles étaient généralement heureuses et assez libres.

Au moment où, après 1848, le Gouvernement français décréta l'émancipation des esclaves, ceux ou celles d'entre eux qui avaient une profession et connaissaient un métier purent quitter, sans trop de préoccupation, le foyer où ils étaient nés et où on les considérait un peu comme de la famille. Mais beaucoup, tout entiers au bonheur d'être libres, se livrèrent à la joie de ne plus rien faire, pensant qu'ils pourraient toujours vivre en fainéants ; quant aux femmes, plus prévoyantes quoique étourdies au premier abord, elles continuèrent généralement leur profession et purent aisément, avec leur gain quotidien conservé désormais tout entier pour elles, louer une petite case et vivre heureuses en travaillant.

Ayant reçu dans les familles et sous l'œil vigilant de la maîtresse de maison, une certaine éducation, elles avaient des manières convenables ; les races inférieures et principalement les femmes sont habiles à les contracter quand elles vivent dans un milieu élégant ; aussi, réellement à la couleur près, quand elles se réunissaient le soir chez une amie pour causer, chanter les romances nouvelles venues de France avec leur patois créole si plaisant et si original ou pour danser, plaisir pour lequel tout le monde était passionné là-bas, on se serait cru dans un milieu mondain ;

l'Européen nouvellement débarqué trouvait dans ces réunions un attrait et un charme extrêmes. C'était également loin d'un laisser-aller de mauvaise compagnie aussi bien que d'une étiquette trop sévère et cette cordialité lui faisait croire qu'il était transporté dans le pays des mille et une nuits ou sur ces rivages des îles de Tahiti dont les livres de Loti et de Dumont d'Urville lui ont raconté la merveilleuse et si gracieuse hospitalité.

Ce qui contribuait à faire naître et à entretenir cette illusion, c'était le teint foncé des personnes, composant ces réunions, c'était encore l'odeur de musc, de verveine, de santal ou de patchouli qui s'en exhalait de toutes parts par suite de l'habitude de ces dames de renfermer leur linge et leurs robes dans des malles de bois odoriférants et surtout de santal qui couvraient jadis les îles de l'Inde et de l'Océan Pacifique mais qui ont presque complètement disparu aujourd'hui.

Il est à remarquer du reste que plus on se rapproche des pays orientaux et plus les peuples se passionnent pour ces odeurs enivrantes et ont pour ces dernières le même penchant que pour le haschich ou l'opium.

Parmi ces jeunes filles indiennes dont je viens d'esquisser en quelques lignes la physionomie plus plaisante que celle des mulâtresses, il y en avait une à Saint-Denis qui avait dû sa liberté complète à l'avènement de la république de 1848, Elle s'appelait Élise, j'ignore son nom de famille, si même elle en avait un, car souvent, elles prenaient le nom de leurs maîtres... Cette transition, du reste, d'un esclavage fort doux à un état de liberté absolue, s'était faite là-bas avec beaucoup de tact et de modération. Quand M. Sarda Garriga avait été envoyé à la Réunion pour y décréter l'émancipation, les notables de l'île lui avaient respectueusement, mais fermement représenté que si cette mesure était prise et l'esclavage aboli du jour au lendemain, toute la population de couleur allait entrer en révolution ; que quelques jours après n'ayant plus de riz, ni d'argent, elle serait entraînée à commettre des vols pour subsister, que les cultures seraient abandonnées, les habitations mises au pillage, que les propriétés resteraient incultes et que la famine ne tarderait pas à ravager l'île, tandis qu'en procédant avec sagesse et lenteur, en laissant pendant plusieurs mois les esclaves chez leurs anciens maîtres, en ne leur accordant leur liberté décrétée en principe, qu'au bout de plusieurs mois, et après avoir indemnisé leurs propriétaires, ces pauvres gens ne commettraient aucun excès fâcheux et feraient de cette façon une sorte d'apprentissage de leur indépendance nouvelle.

Le nouveau gouverneur se rendit à ces raisons excellentes, l'émancipation ne donna lieu à aucun trouble, aucune dévastation, comme cela eut lieu à la Guadeloupe et à la Martinique et quand arriva le jour de la proclamation de la liberté, messieurs les citoyens (les esclaves s'appelèrent eux-mêmes ainsi), crièrent à tue-tête : « Vive le Roi »!... ce qui donne une idée très nette de leur juste appréciation des choses !

Lisseuse et fort adroite de son état, Élise avait,

après l'émancipation, continué à exercer sa profession qui la faisait vivre assez facilement et subvenir à une toilette dont le jaconas, la mousseline, quelques tours de cou en soie rose aux couleurs éclatantes comme on les aimait là-bas et comme on les aime en France aujourd'hui, faisaient tous les frais.

Avant 1848 ces demoiselles ne portaient point de souliers ou de bottines vernies ; c'était un signe de luxe tout à fait raffiné et qui par une sorte de convention tacite, leur était interdit ; elles marchaient pieds nus et têtes nues, la tête uniquement garnie de cette chevelure lisse et abondante dont les jeunes filles indiennes étaient si fières ; mais après l'émancipation, elles avaient avec grand plaisir complété leur toilette en portant des souliers ou des bottines vernies et en possédant une ombrelle, ce qui leur paraissait être le *nec plus ultrà* de la femme du grand monde.

Élise habitait avec sa mère une petite case en bois qu'elle avait louée dans une des rues qui dominent le barachois. Cette *ma* était une bonne vieille aussi peu gênante que l'est un meuble dans le coin d'une chambre ; elle servait à sa fille d'esclave ou de servante, ne lui parlant jamais que pour lui répondre, la regardant absolument comme un être d'une essence supérieure à elle et l'adorant à la façon de ces vieux chiens qui les yeux fixés sur leurs maîtres, ne les abandonnent jamais du regard, leur obéissent d'un signe, trop heureux quand un mot ou un geste leur révèle que le maître est satisfait !

Des trois pièces composant cette modeste case, la première composant l'atelier s'ouvrait sur la rue et tout en fredonnant gaiement une de ces romances créoles aux airs langoureux et aux rimes invraisemblables, composées par un poète du cru (tout le monde là-bas chante, compose et rime mal), Élise jetait les yeux sur la fenêtre aussi souvent que sur son ouvrage (Pandore a dû passer par Bourbon). Une seconde pièce constituait sa chambre suivie elle-même d'une cuisine aux ustensiles primitifs et élémentaires; les créoles brillent par leur sobriété; on dirait presque que l'air les nourrit tant leur ration alimentaire est minime.

Mais après avoir fredonné et travaillé tout le jour, Élise aimait à s'aller promener le soir avec quelques amies et voisines sur le pont du barachois de Saint-Denis. C'était une sorte de pont en fer sur lequel on débarque à Saint-Denis, en vous hissant en l'air dans un fauteuil pour vous déposer à terre empaqueté comme un colis; ou bien elle allait sur la place où s'élève le palais du gouverneur; elle se plaisait encore plus à aller, une ou deux fois par semaine, assister à de petites réunions où on dansait jusqu'à perdre haleine et comme elle valsait à ravir, elle ne manquait point de danseurs ni de cavaliers servants.

Elle était d'une taille ordinaire, mais divinement faite, bien proportionnée et avait les extrémités fines et délicates. Ses cheveux aux reflets bleus étaient lisses et d'une longueur extraordinaire; les divisant en deux nattes sur le milieu de la tête, elle les aplatissait sur les tempes afin de les faire bouffer derrière les oreilles et les ramener en arrière pour y former une torsade énorme retombant sur la nuque.

C'était alors la mode de se coiffer de cette manière, à la vierge, disait-on, et ce genre de coiffure donnait à toutes les femmes un air de jeunesse très avantageux. Un front saillant et intelligent, de grands yeux, d'un noir velouté, un nez droit terminé par deux narines mobiles révélant tout le plaisir qu'elle prenait à danser, des lèvres recourbées à leurs extrémités, mais presque toujours entr'ouvertes pour laisser apercevoir à plaisir des dents d'un émail éblouissant, telle était Élise, l'aimable Élise que chacun se plaisait à regarder et considérait comme une bonne fille, gaie, rieuse, fine à la répartie avec son doux patois créole qui la faisait ressembler à un oiseau gazouillant avec bonheur dans son nid d'ouvrière.

A cette époque, était affecté à la station de Saint-Denis ou plutôt à celle de Madagascar, un navire de l'État qu'on appelait le *Chandernagor*. C'était un grand trois-mâts qui effectuait les voyages de la Réunion à Mayotte, Nossi-Bé et à Sainte-Marie pour y conduire ou en ramener tour à tour, les garnisons d'infanterie de marine dans ces endroits malsains et redoutés auprès desquels le séjour de la Réunion était un paradis. Parfois cependant on l'envoyait aux Seychelles, à Anjouan ou à Zanzibar, une grande et belle île qui était la propriété de l'Iman de Mascate. Cet iman ayant un jour invité à dîner l'état-major de la corvette, il nous donna au repas à boire de l'eau de rose pour remplacer le vin défendu par Mahomet. Elle était commandée par M. d'Argouges, un Normand de vieille roche, digne descendant de ces anciens compagnons aventureux du duc de Normandie Rolland, qui par leur bravoure et leur audace avaient conquis les deux Siciles et la Palestine. On comptait parmi les autres officiers un enseigne nommé Berthet tout à fait passionné pour la musique et d'autant plus malheureux à bord de ce navire qu'il n'en entendait pas d'autre que celle du fifre aux sons aigus et du tambour.

Cette vie de bord étrange et souvent solitaire, bien qu'au milieu du mouvement et du bruit, puisque si vous n'y trouvez pas de personnages ayant les mêmes goûts et les mêmes affinités vous restez réduit à vous-même et sur la réserve sans échanger vos idées, contribue singulièrement à développer en toute liberté les angles saillants et rentrants des caractères. Personne, en effet, si vous ne heurtez pas vos voisins, ne s'inquiète de vos penchants qui peuvent ainsi s'épanouir tout à leur aise.

Les goûts de l'enseigne Berthet n'étaient point de ceux qui auraient allumé la guerre de Troie, ni celle de Cent Ans. Né à Paris, cette reine des arts, il était enragé mélomane, sans avoir jamais pu, absorbé dans sa jeunesse par ses études pour entrer au *Borda*, ou plus tard sur ce bateau école, apprendre le violon, la flûte ou le piano. Il se contentait donc de chanter, car il avait une assez jolie voix de baryton et d'aller le soir entendre nos opéras quand il était à Brest ou à Paris. A bord, lorsqu'il n'était pas de quart le soir, il aimait à se donner dans sa cabine le luxe d'une représentation d'un des opéras à la mode. Il avait entre autres goûts, une grande prédilection pour la *Favorite* qu'il redisait souvent. Pour aider à l'illusion (et il lui fallait pour cela une bien grande volonté), il illuminait sa chambre *a giorno* avec un grand nombre de bougies et commençait un des actes de l'opéra ; à lui tout seul, il modulait tour à tour le rôle des moines, « Frères, creusons l'asile où la douleur s'endort » et continuait par celui de Fernand à qui « Dieu ne suffit plus » ! Il continuait par les autres personnages, n'oubliant pas un mot, tour à tour homme, femme, souffleur et chanteur infatigable. Puis l'acte terminé, il éteignait ses lumières et s'endormait bercé par ses souvenirs lointains, s'arrachant ainsi un instant aux tristesses réelles de la vie maritime par cette envolée dans le royaume des visions et de l'harmonie.

On le voit, c'était là une bien innocente manie qui décelait jusqu'à un certain point une âme naïve, encore jeune, enthousiaste et entretenue sur cette pente par le genre de vie des marins. Passant, en effet, leur existence loin des passions humaines, plongés le plus souvent dans ces longues rêveries qu'inspire chez eux le spectacle de ces deux immensités se confinant de près, la mer et les cieux, ils vivent dans une ambiance particulière et il n'est point surprenant qu'ils contractent des goûts, disons plus, des manies qui semblent étranges au reste des mortels.

Il existait à Saint-Denis à l'époque dont je parle, une coutume innocente fort agréable pour le plaisir des yeux, assez fréquente du reste dans les pays chauds, à Pondichéry, à Manille par exemple. Quand la chaleur est tombée aux approches du soir et que la brise de terre se lève rafraîchissant l'atmosphère, les familles créoles coquettement vêtues et des fleurs dans les cheveux descendaient au jardin, s'asseoir dans des kiosques élégants ornés de ces plantes grimpantes et charmantes si communes là-bas et de là, elles voyaient passer sous leurs yeux, les voitures, les cavaliers et les piétons heureux de saluer ces belles dames, et de les entretenir un instant des événements du jour, du départ et des arrivées, et des nouvelles de la colonie. Dans cet heureux pays sourires, regards et serrements de mains sont si vite échangés, cela coûte si peu et fait tant de plaisir à la jeunesse !...

Or, un après-midi, Berthet en revenant d'une promenade faite au jardin public (une merveille organisée par M. Richard, un des survivants de l'expédition envoyée au Sénégal sur la *Méduse*), passa, par hasard, dans la petite rue où se tenait Élise et l'entendit chanter une romance créole. Nous avons dit combien il était fou de musique, aussi s'arrêta-t-il pour mieux goûter cette mélodie bizarre, plaintive, en ton mineur, à laquelle la douceur du langage créole ajoutait un charme particulier. L'officier, pour ne pas perdre un mot de la mélopée qui l'impressionnait, s'arrêta et demeura là, planté comme une statue, prêtant une oreille attentive afin de mieux graver cet air dans sa mémoire.

C'est qu'en réalité, et sans avoir jamais appris la musique, Élise, comme le tambourinaire de Daudet, avait une voix très juste, d'un registre fort étendu et aimait à gazouiller comme les oiseaux du bocage. Mais par malheur, la jeune Indienne apercevant M. l'enseigne immobile, comme pétrifié devant sa fenêtre, s'arrêta tout court. De son côté, Berthet la regarda avec plus d'attention et leurs regards se croisèrent ; Élise resta toute interdite et détourna les yeux, pendant que Berthet, craignant d'être indiscret, s'il restait là plus longtemps, salua profondément la jeune fille et s'éloigna d'elle, à regrets et à pas lents.

Ce soir-là, il n'y eut point d'illumination dans la chambre de l'enseigne, point de répétition de la *Favorite* et à sa place, l'officier se prit à frédonner cet air créole qu'il venait d'entendre.

>Trois zours, trois nuits mi demande à vous
>Vi di pas oui, vi dis pas non
>Vi demande à moa ça que mi n'en a.
>Lé mauvais sang qui tourmente à moa
>Vi mène à l'encan, Gussetine !
>Vi mène à l'encan.

>Mi donne à vous peigne à la giraffe,
>Beau collier d'or, colificets,
>Souliers vernis, madras en soie,
>Ombrelle rouze avec lacets.
>Ah ! que mi l'aime à vous, Gussetine
>Ah que mi l'aime à vous !

Et cet air bizarre ne lui sortait pas de la mémoire si bien qu'il brûlait du désir de l'entendre à nouveau.

Aussi dans l'après-midi du lendemain, prit-il la direction de cette rue devenue l'objet de ses désirs, marchant d'abord à grands pas, puis ralentissant sa course à mesure qu'il en approchait et s'arrêtant de temps en temps espérant entendre de loin cette voix qui l'avait charmé la veille; tout à coup son cœur battit bien fort!... non!... il ne se trompait point! Cette même chanson de la veille, il l'entendait encore et il marcha bien doucement, amortissant le bruit de ses pas, jusqu'à ce que l'air fût fini.

Quand le rossignol se fût tu et qu'Élise, dirigeant ses regards vers la rue, eut aperçu son auditeur de la veille, planté là aux écoutes dans la rue, Berthet se dirigea rapidement vers la fenêtre entr'ouverte où elle se tenait immobile, un peu décontenancée et se découvrant respectueusement, il lui fit un compliment sincère sur l'étendue et le charme de sa voix ; il ajouta que cet air bizarre l'avait séduit tout d'abord, qu'il avait le plus grand désir de l'écrire en musique avec ses paroles afin de le retenir à jamais.

Élise toute confuse de cette louange flatteuse, tenait bien ses yeux fixés vers la terre, mais n'étant pas pour rien fille d'Eve, elle jeta en dessous sur lui, tout en répondant poliment et aussi cérémonieusement que possible, un regard furtif sur le beau monsieur toujours planté sur le rebord de la fenêtre. D'autre part, Berthet avait l'air si poli, si bienveillant, si respectueux qu'aussitôt la conversation s'engagea ; il causa de son voyage à la Réunion, de ses impressions profondes en présence de cette nature superbe, si fleurie, si plaisante à habiter ; il ajouta qu'il avait, lorsqu'il n'était pas de service à bord, de longues heures de libres et demanda la permission de revenir le lendemain, la suppliant de lui accorder la faveur de l'entendre encore. Et en effet, le lendemain, sans s'être trop fait prier, Élise, secrètement orgueilleuse de sa nouvelle conquête, libre, du reste, de son cœur, en ce moment-là, faisait entrer l'enseigne dans sa petite case qu'il commença par orner de deux énormes bouquets de ces roses, miracles de fraîcheur et d'éclat, qui forment un genre tout à fait à part sous le nom de *Roses de l'Ile Bourbon.*

Je me garderai bien de décrire jour par jour, et tout au long l'historiette de la conquête d'Élise. Le goût très vif de Berthet pour tout ce qui était musique et chant avait fait naître en lui cette sympathie pour la brune chanteuse et son affection pour elle ne fit que se développer avec ces dispositions, aussi leur entraînement réciproque ne fit-il que s'accentuer à dater de ce jour-là ! Du reste, en vertu de la loi des contrastes, ils devaient fatalement se plaire ; lui, était de haute taille, sérieux, blond, blanc et rose en dépit des chaleurs du Tropique, avec des yeux bleus, pendant qu'elle était de taille moyenne, avait les yeux, les cheveux noirs, et les extrémités menues et délicates.

L'habitude de vivre à la mer et loin de sa famille, lui donnait un air sévère, tandis qu'Élise fredonnait toujours comme les bengalis roses suspendus à sa fenêtre.

Il aimait à lui faire chanter tous ces airs bizarres et ces romances créoles si pleines d'originalité. Mises en contact avec les Européens, les personnes de sang mêlé s'assimilent avec une facilité merveilleuse le langage de ces derniers, leurs manières, leurs goûts ainsi que leurs habitudes et sous ce rapport semblent en vérité tenir un peu du singe ainsi que l'a prétendu Darwin. Du reste, peu capables de réflexions sérieuses, en raison sans doute de leur manque d'éducation première, les gens de sang mêlé, et surtout les femmes, offrent un côté enfantin incontestable qui se révèle à chaque instant dans leur conversation. Elles sont toujours prêtes à rire, et alors même qu'elles sont seules, on les entend souvent, parlant tout haut, rire aux éclats d'un rien qui leur a traversé l'esprit. Mettez deux ou trois nègres à porter un fardeau, à bêcher la terre, à ramer, à manier des barriques, et au bout de quelques instants, l'un d'eux improvisera un air et des paroles s'appliquant à l'acte auquel ils se livrent et bientôt les autres le reprendront en refrain et en chœur, en accompagnant avec assez de justesse, l'air improvisé.

Berthet trouva chez son amie ces mêmes dispositions naturelles pour le chant, aussi, se plut-il à les développer et souvent ils chantaient ensemble ou à l'unisson. Je vous laisse à penser, si ces leçons de musique et de diction surtout provoquaient de fréquents éclats de rire, surtout quand Élise, voulant dire en français certains mots à prononciation difficile, les écorchait le mieux du monde, ce qui donnait lieu aux quiproquos les plus singuliers. Le professeur se plaisait alors à reprendre patiemment son élève en la grondant quelquefois ou en prenant un air sévère. Mais Élise faisant la moue, abandonnait bientôt alors son maître et s'enfuyait dans la pièce voisine, où l'officier ne tardait pas à venir la rejoindre, en lui demandant pardon de sa sévérité, et la scène finissait par un point d'orgue prolongé, c'est-à-dire par un long baiser.

En tête de cette facilité d'assimilation qu'ont les gens de couleur pour nous copier plus ou moins fidèlement, on a noté, de tout temps, leur aptitude pour le chant. Elle est réellement merveilleuse, et quand une troupe d'opéra émigre à la Réunion et à Maurice, on est tout surpris d'entendre dans les rues les grands airs de nos compositeurs chantés par les moricauds. Et la fidélité avec laquelle ils les reproduisent est réellement incroyable : air, intonation, modulation, son de voix, entendus de loin paraissent émaner de l'acteur lui-même, tellement ils sont bien imités et vous donnent l'illusion de la scène elle-même. Seulement, si vous vous approchez, cette illusion s'évanouit avec le manque de pureté et de netteté des mots français qui disparaissent avec la facture créole.

Justement à l'époque dont je parle, une troupe d'opéra était venue passer une saison dans l'île, et nos deux mélomanes ne manquaient pas une seule représentation ; seulement l'officier s'habillait alors en bourgeois pour pouvoir accompagner son élève et de retour chez eux, ils étaient heureux de redire les airs qui les avaient le plus frappés.

Un autre de leurs plaisirs était d'aller ensemble dans quelques soirées du demi-monde de Saint-Denis, où, sans exiger une sévère étiquette, on s'amusait franchement, tout en observant les règles d'une bienséance convenable. Après quelques tours de polka et de valse où on tournait follement et surtout à gauche, on regagnait la case, car il fallait se lever de bonne heure le lendemain pour prendre le quart à 8 heures.

Le bonheur de ces deux amants dura près de trois ans, c'est-à-dire tout le temps que le *Chandernagor* resta attaché à la station navale de Saint-Denis et ne connut d'autre nuage que l'éloignement momentané du navire allant ravitailler les colonies voisines ; mais loin d'affaiblir l'affection de l'enseigne pour Élise, ces absences ne faisaient que l'exalter. C'est que, lorsque les marins se laissent envahir par l'amour, ils s'y livrent tout entiers, trouvant pendant les longues heures solitaires de leurs quarts, un très grand charme à s'abandonner à leurs rêveries, se laissant aller à parer leur adorée de toutes les qualités, de toutes les séductions possibles, et à rehausser leur passion de ce grain de sentimentalisme et de mélancolie qui l'exalte toujours et en redouble la vivacité.

Pendant les absences de son ami, Elise cessant d'être folle et rieuse, devenait sérieuse et réfléchie, disait adieu d'elle-même à la valse, aux promenades, aux concerts et ne chantait plus qu'une mélodie que Berthet lui avait apprise, et qui était bien de circonstance ; cette mélodie qu'elle disait avec un charme pénétrant était intitulée :

Quand le bien-aimé reviendra !...

Aussi la jeune femme était-elle, dans ce pays

de mœurs faciles et légères un sujet d'étonnement général pour tous.

Un charmant bébé, frais et blanc, aux lèvres roses comme celles de son père, vint encore resserrer leur affection mutuelle, les remplir de joie et les unir plus étroitement encore. Aucun de ces petits êtres si gracieux, mais si faibles, ne fut accueilli avec autant de plaisir, aussi caressé, choyé, gâté que celui-là. Le cœur d'Élise s'ouvrant pour la première fois aux félicités de la maternité, y trouvait des joies infinies ; c'est que ce trait d'union nouveau l'attachait plus étroitement encore à son ami, et que la naissance de ce petit être la raffermissait, elle le sentait bien, dans ce chemin du devoir si différent de sa vie folle et joyeuse d'autrefois. La maternité est, en effet, le sentiment le plus puissant pour opérer une métamorphose complète dans la vie d'une femme. C'est en quelque sorte un nouveau baptême qui efface chez elle les fautes et les légèretés passées. Pour une jeune mère, la vie frivole d'antan disparaît pour faire place aux joies sereines, pures et profondes du présent. Aussi, ne faut-il jamais désespérer de la conversion d'une femme tant que la maternité ne l'a pas touchée de sa grâce !

Mais hélas ! comme cela arrive souvent dans les romans d'amour des marins, une heure fatale advint où il fallut se séparer; le *Chandernagor* fut rappelé en France et Berthet, obéissant à la voix du devoir, dut dire adieu à ces deux êtres qu'il adorait, à ce bébé rose qu'il aimait tant à embrasser bien doucement de crainte de l'effrayer en appuyant trop fort ses lèvres sur ses joues ou sur son corps si frais, si bon à baisoter.

Il arriva, hélas et trop tôt, ce jour de deuil où Berthet pleurait en serrant dans ses bras son enfant pendant que la mère joignait autour du cou du père les deux mains potelées du chérubin.

« Ne pleure pas ma pauvre Élise, lui disait-il ! ne m'enlève pas tout mon courage et songe toujours, pour en avoir à ton tour, que je te laisse un vivant souvenir, un autre moi-même. Tu vas être son seul soutien ici, vis pour lui ! que sa vue te rappelle son père et sois fidèle à mon souvenir ! Travaille, occupe-toi ; le travail est le meilleur des conseillers. Je te laisse de quoi subvenir à tes besoins et à ceux de notre bébé en te faisant une délégation que tu iras tous les trois mois toucher au commissariat de la marine.

« Sois bien persuadée que l'absence ne diminuera en rien ma sincère affection pour vous deux, à qui je dois les plus grands bonheurs de ma vie ; je n'oublierai jamais les heures et les années bien aimées que nous avons passées ensemble. Arrivé à Toulon, je ferai des pieds et des mains pour revenir ici et faire partie de l'expédition qui se prépare contre Madagascar. J'espère être de retour à Saint-Denis dans six ou huit mois au plus pour y retrouver ceux que j'aime. Sois-moi toujours fidèle, aimante aussi et comme ton pauvre ami, patiente et espère ! »

Ainsi que je l'ai dit plus haut, l'affection d'un homme loyal et honnête d'une part et la maternité de l'autre, avaient régénéré la pauvre Élise.

Tout entière à ses souvenirs, absorbée par ses soins et ses devoirs vis-à-vis de l'être si frêle encore à qui elle avait donné le jour, Élise restée seule concentrait sur lui toute l'attention, toute la puissance de son cœur aimant. Après le départ de son amant, elle ne vivait que pour son enfant, reportant sur celui-ci toutes ses tendresses, toutes ses facultés aimantes.

Si l'amour et les vœux d'une mère pour le petit être nourri de son sang et sorti de ses entrailles suffisaient presque toujours pour écarter le danger et la maladie de cette tête adorée, la plupart de ces chérubins seraient épargnés par leur plus terrible et plus fréquent ennemi, la mort, mais hélas! il est loin d'en être ainsi et le pauvre petit fut emporté quelques mois après le départ de son père, par une attaque de choléra introduit à la Réunion par un de ces chargements de coolies indiens destinés à travailler la terre, qu'on y importait avec trop peu de précautions. Cinq ou six heures suffirent pour éteindre son doux sourire, fermer ses beaux yeux, raidir et refroidir dans des convulsions horribles, ce petit corps plein de grâce et de vie la veille!

Ce fut un coup de foudre pour cette malheureuse mère qui ne vivait que pour sa fillette et se refusait à croire à la sombre réalité. Ce triste événement avait été si subit, si rapide qu'on dut lui laisser par force, ce petit corps inanimé qu'elle cherchait à réchauffer sur son sein et à bercer comme elle en avait la coutume en fredonnant l'air que son ami lui avait appris : *Quand le bienaimé reviendra!*

Et quand le soir, les amies d'Élise et sa mère voulurent la séparer de ce pauvre corps cyanosé et rigide, elle se mit en fureur contre elles, trépigna des pieds, les égratigna et les mordit pour pouvoir garder son enfant, le bercer et se remettre à chanter encore.

C'est qu'hélas, la pauvre Élise était folle, folle à lier et ce fut bien pis quand le lendemain, ses compagnes vinrent pour lui prendre son enfant; on fut obligé de la lier. Heureusement qu'une des voisines eut l'idée de substituer à l'enfant véritable, une poupée de grande dimension que la pauvre fille couvrit aussitôt de baisers et de caresses; mais c'en était fait et pour toujours, sa raison l'avait abandonnée. La commotion avait été trop forte, le corps résistait encore, mais l'intelligence avait sombré. Peut-être bien, avait-on aussi manqué de prévoyance pour éviter cet accès de manie aiguë et furieuse. Élise nourrissait, en effet, ce petit être et il eût été nécessaire, la mère ayant été frappée subitement et l'allaitement suspendu tout d'un coup, de lui faire prendre des purgatifs et des antilaiteux énergiques pour empêcher la rétrocession du lait sur les centres nerveux. On le fit bien, plus tard, mais il n'était plus temps, et le médecin jugeant sa folie incurable, la fit transporter à l'hôpital de Saint-Paul où on soignait les aliénés de l'île.

J'étais depuis quelques mois attaché à cet asile où ces infortunés étaient fort bien soignés au point de vue matériel surtout, car au point de vue du traitement médical, j'avoue qu'on se bornait aux deux grands facteurs qui, après tout, agissent le plus favorablement sur les aliénés, le calme, l'isolement et l'absence de tout bruit.

C'est là que je revis Élise que j'avais rencontrée autrefois à Saint-Denis, mais, grand Dieu! quelle différence entre la jeune fille souriante et gaie d'autrefois et celle que je retrouvai dans sa cellule. Accroupie dans le coin le plus sombre, elle serrait étroitement dans ses bras, sur son sein, la poupée qu'on lui avait donnée à Saint-Denis; les cheveux incultes, hérissés, les yeux hagards, elle la berçait mélancoliquement, en chantant son vieil air, toujours le même, sans prononcer une seule autre parole, sans témoigner un désir, sans qu'un souvenir du passé vînt éclairer sa physionomie jadis si gaie, si mobile. Ce n'était point encore la femme changée en bête sauvage et furieuse, mais c'était, à coup sûr, l'être dénué de toute pensée, de tout souvenir humains; or, rien n'est plus affligeant que le spectacle d'une semblable décadence, d'une chute aussi lamentable surtout pour ceux qui pouvaient comparer la misère actuelle d'Élise avec son heureux passé!

Sur ces entrefaites, l'enseigne Berthet, devenu lieutenant de vaisseau, avait obtenu d'être renvoyé à la Réunion. Il avait appris en France la fatale nouvelle et son premier souci, en arrivant à Saint-Denis, fut de demander une permission pour accourir à Saint-Paul.

Étant constamment de garde et logeant à l'asile, ce fut moi qui, accompagné d'un infirmier, conduisis l'officier dans la cellule d'Élise afin de lui donner au besoin quelques explications. Cette entrevue devait être bien pénible pour un homme de cœur et elle fut déchirante en effet! Je n'oublierai jamais la stupeur et la désolation qui envahirent les traits de l'officier de marine quand en entrant dans la cellule, il aperçut, accroupie dans un coin, la masse informe, lamentable d'Élise, avec son air stupide et ses vêtements en lambeaux. Eh quoi?... C'était là cette jeune fille qu'il avait connue si coquette, si soigneuse d'elle-même, si heureuse qu'un perpétuel sourire éclairait sa physionomie, cette fille qu'il avait rendue mère?... Et à sa place, il trouvait devant lui, un être ayant à peine forme humaine, aux cheveux embroussaillés, aux vêtements malpropres et lacérés, au regard vague, hébété, idiot, serrant convulsivement contre son sein une poupée de carton, qu'elle passait tout son temps à emmailloter ou à déshabiller, dans de vieux langes de couleur douteuse?... Et quand il l'appela : « Élise!... Élise!... » elle ne reconnut point sa voix et ne détourna même pas la tête!... Et le son de cette voix qui aurait dû éveiller en elle de tendres souvenirs ne la fit ni tressaillir, ni diriger ses yeux vers lui. Elle avait tout oublié, le passé, le présent et jusqu'à son nom; le cœur ne vivait plus en elle! c'était la mort de la femme avant la disparition de l'être vivant !

Et quand il s'approcha d'elle en essayant de lui parler, en lui disant ces mêmes paroles tendres qu'il lui adressait autrefois, en y ajoutant encore à la fin : « Élise!... ma pauvre Élise!... ne me reconnais-tu pas?... » il la vit se dresser frémissante devant lui, le bras étendu, le poing menaçant, les narines frémissantes, le regard furieux, serrant encore plus fort son enfant contre elle, en souvenir sans doute du moment où on le lui avait arraché pour l'ensevelir. Aussitôt qu'on l'approchait, elle s'imaginait, en effet, qu'on voulait à nouveau le lui enlever et c'était alors une lionne défendant son petit !

Ce fut en vain que Berthet chercha à la rassurer par des paroles amicales, en essayant de faire appel au passé, il lui fallut se reculer tout en cherchant à lui parler de sa voix la plus douce. Élise de plus en plus menaçante gardait toujours un silence farouche et sa colère, son effroi ne disparurent que lorsque nous fûmes rendus à l'autre extrémité de la cellule et que son ami cessa de lui parler. Alors, elle s'apaisa tout à fait et sans faire attention à nous, elle se remit à emmailloter sa poupée. Puis elle songea sans doute à la faire dormir et elle se prit à la bercer en chantant doucement de peur de la réveiller, la vieille romance que Berthet lui avait apprise:

> Quand mon bien-aimé reviendra !

En l'entendant redire cet air qui lui rappelait trois ans d'intimité, tant de souvenirs charmeurs, tant de jeunesse, tant de folies amoureuses, le pauvre officier exhala un gémissement douloureux et porta la main sur son cœur en s'écriant : « Ah !... c'en est trop !... » Des larmes brûlantes jaillirent de ses yeux et il sortit précipitamment, dans un état d'angoisse inexprimable, de ce séjour de la folie. Et une fois dehors, il éclata en sanglots prolongés en s'écriant que c'était le moment le plus douloureux de sa vie!...

Il me demanda à voir le médecin en chef chargé du service, le Dr Bel, et je l'y conduisis aussitôt. Il voulait lui demander si, à son avis, la folie d'Élise était réellement incurable, et si aucun espoir du côté de la médecine ne devait plus lui rester, et quand il apprit que la science était impuissante à faire disparaître ce genre d'aliénation mentale, il prit les meilleures mesures pour assurer à son amie tous les soins matériels possibles et s'éloigna, désespéré, pleurant sur sa jeunesse flétrie et sur ses illusions ou ses rêves envolés à jamais !

CHAPITRE VII

M'SIEU PISSAMBERT A L'HOSPICE DES FOUS DE SAINT-PAUL.

J'ai fait, pendant quelques mois, ainsi que je viens de le dire, le service à l'asile des aliénés de la colonie qui servait en même temps d'hôpital pour les militaires, les gendarmes et les douaniers détachés à Saint-Paul. Ce service, très complexe, était par cela même fort intéressant pour les jeunes gens désireux de s'instruire en même temps que très paternel. On a en effet rarement dans la marine l'occasion d'étudier les maladies mentales et les troubles de l'esprit, or l'hospice en présentait une assez complète collection. Quelques-uns d'entre eux, méchants ou furieux, étaient enfermés dans des cabanons et ressemblaient plutôt à des bêtes féroces dominées par le besoin de nuire et de tuer. Ceux-là nous les observions à travers le grillage étroit et solide de leur cellule, mais les médecins n'entraient point dans leurs prisons, car ils se seraient jetés sur nous et nous auraient mordus, frappés, martyrisés ou tués. Seul le gardien, un homme robuste, un athlète y pénétrait pour leur apporter leur nourriture ; il était armé et se tenait constamment sur ses gardes. A quelle dégradation l'homme, fait à l'image de Dieu quand l'intelligence et la raison illuminent sa physionomie, descend-il quand, ainsi que

Nabuchodonosor, il est changé en bête ; les pauvres gens vociféraient nuit et jour et passaient les heures à gratter avec leurs ongles et leurs doigts impuissants les murs ou les pavés de leurs cachots ; mais détournons nos regards de ces épaves humaines et examinons quels étaient les autres misérables.

Un très grand nombre de ceux-là, plus tranquilles et inoffensifs, avaient du moins figure humaine et erraient en liberté dans le vaste préau, ombragé d'arbres touffus sans essayer d'en sortir et de franchir la grille solide de l'hospice. Quelques-uns d'entre eux avaient à coup sûr reçu une assez bonne éducation. Je me rappelle un créole qu'on entourait de soins particuliers et d'égards. C'était un homme d'environ soixante ans qui avait là un appartement, une bibliothèque et était d'une tranquillité parfaite. Il lisait presque toute la journée ou bien se promenait. Quel acte de folie momentanée l'avait conduit là?... Je l'ignore, j'étais trop jeune pour être initié au secret des dieux et je ne pouvais faire que des conjectures ; ce qu'il y a de certain, c'est que pour moi, cet homme n'était pas un fou ou que sa folie n'avait plus récidivé. Avait-il commis un faux, un crime, un viol, et le jury indulgent, comme il l'est souvent pour éviter une condamnation et une souillure à une famille honorable, avait-il fait précéder son jugement par un examen mental à la suite duquel on l'interna? Ce qu'il y a de certain, c'est que le commun des mortels ne connaissait là-bas que son prénom, et que personne ne s'inquiétait de lui, ne venait s'en informer ni ne le visiter. Et quand après avoir fait sa connaissance, je me hasardai un jour, le voyant en bonne humeur et en disposition de causer, de lui demander la cause de sa présence à Saint-Paul, tout à coup, ses sourcils se froncèrent, il me jeta un regard enflammé et me tourna brusquement le dos en laissant échapper ces paroles : « C'est que je suis un pauvre insensé et que tout le monde ici me traite de fou !... » Quel mystère était caché dans cette vie obscure et cachée ? Quelle faute, quelle passion chez cet individu au-dessus du vulgaire, quel scandale, quelle honte pour la famille se dissimulaient dans cette retraite inconnue, dérobée au regard du vulgaire ? Nul ne le sait excepté quelques intéressés à garder le silence le plus absolu !

Parmi les fous paisibles et inoffensifs, j'en ai remarqué deux qui raisonnaient fort bien en dehors de leur genre de folie. L'un d'eux, fort âgé, le père Avril, comme nous l'appelions, petit blanc de l'intérieur de l'île, atteint de délirium tremens chronique, tremblait constamment des pieds à la tête, sans cesse en oscillation comme la feuille au vent et en était arrivé là à force de boire du rhum. C'était bien le plus doux de tous nos fous et le plus heureux aussi, car il se croyait modestement Dieu le Père. Son bonheur suprême était de se tailler et d'arborer une couronne en papier doré ou, à défaut, de papier blanc.

Quand il avait assez de papier pour augmenter l'étendue de son ornement, cette couronne devenait une sorte de tiare en pain de sucre dont il s'affublait gravement ; sa canne sur laquelle il s'appuyait habituellement représentait ses foudres ainsi que le tonnerre dont il menaçait les infirmiers quand ils riaient de ses colères. Sa seconde joie, plus palpable celle-là et moins immatérielle, était de venir tous les matins à la pharmacie de l'hôpital tenue par un pharmacien de la marine M. Audier, un Provençal qui n'engendrait point de mélancolie. Quand le père Avril arrivait, Audier lui versait deux doigts d'alcool rectifié à 90 degrés en l'invitant à boire cette ambroisie. C'était si fort que les larmes lui en venaient aux yeux.

— Hein ! c'est joliment bon, ça, père Avril ? Un vrai velours sur l'estomac ! n'est-ce pas ?

— Ça... m'sieu Audier, c'été li nectar à moë ! et ainsi lesté, le bonhomme s'en allait en tremblotant, plus heureux qu'un roi puisque lui, étant Dieu le Père, était encore plus puissant !

A côté de lui, non moins curieux et surtout non moins inoffensif, était un M. Pichambert (Pissambert en créole), un Toulousain tailleur de sa profession, venu comme tant d'autres à la Réunion avec l'espoir d'y faire fortune ; il n'y avait trouvé que la folie et voici à quelle occasion. Marié à une jolie créole nommée Joséphine, le pauvre Pichambert avait été médiocrement secondé par elle à faire ses affaires, car si elle donnait, pour aider son mari, quelques coups d'aiguille, elle avait gratifié le contrat de nombreux coups de canif, en sorte que dans tout le pays de Saint-Paul, m'sieu Pissambert jouissait d'une renommée proverbiale. Jugez de son désespoir d'autant qu'il aimait Fifine autant que la prunelle de ses yeux, comme un fou qu'il était, déjà à moitié. Mais hélas ! Prières, remontrances, larmes de désespoir ne corrigèrent point Fifine, en sorte que le malheureux souffrit toutes les croix du plus douloureux calvaire : insomnie, fièvre, démon de la jalousie, fureur concentrée ! Car à qui s'en prendre ? A tous ces jeunes, beaux et élégants créoles si fort au-dessus d'un humble tailleur ? La raison commença à l'abandonner.... elle s'égara tout à fait quand son malheur fut au comble. On connaît le proverbe :« tant va la cruche à l'eau qu'à la fin elle se brise. » Il y a une variante que le pauvre mari eut la douleur d'apprendre dans la rue par de méchants gamins.

Noirs ou blancs, en Afrique aussi bien qu'en Europe, cet âge est sans pitié et à la Réunion où le nègre aime à mettre en refrain tout ce qui frappe ses regards, il en est de même. Aussi quand partout sur son passage il entendit chanter ce couplet où la rime n'est pas riche cependant :

> M'sieu Pissambert, M'sieu Pissambert
> La rob'Fifine l'écourt,
> Allonze un peu, allonze un peu
> Ça ne f'ra pas di mal.

Il perdit tout à fait la tête ; dans un accès de rage, il faillit, la nuit, étrangler celle qu'il avait tant aimée ; mais ses voisins accourus à ses cris, la lui arrachèrent des mains et le conduisirent à l'hôpital des fous où, avec le temps, sa douleur morale se calma pour faire place à la douce illusion ou'il était N.-S. Jésus-Christ en personne.

En sorte que pour remplacer la comédie française qui faisait complètement défaut à la Réunion, le collègue Audier se donnait parfois le plaisir, après la visite du matin, de mettre en présence Avril et Pichambert. Il faisait décrire au premier (en qualité de Dieu le père, il avait la prééminence) les splendeurs de son paradis où ce que sa pauvre cervelle connaissait ce qu'il y avait de meilleur, ananas, bananes superbes, carry exquis, morue bien grasse et surtout excellent tafia, se trouvaient en abondance. Si pendant le récit, Pissambert se permettait quelque timide observation, Avril s'écriait d'un air terrible : « Tais-toi, misérable ver de terre, ou je saisis mon tonnerre et je te pulvérise. Ne dois-tu pas m'obéir après tout, étant Dieu le père !... »

— Toi, Dieu! répondait le dédaigneux Pichambert, oh non! mais père, oui tu es bien le père Avril avec ta couronne de papier doré!

— Ah ! c'est comme ça, reprenait le vieillard, eh bien, toi, tu n'es qu'un faux Jésus-Christ, m'sieu Pissambert et pas autre chose. Et c'est tout! Allonze un peu la rob'Fifine; li pas taîner à ter! » Finalement il fallait les séparer. Quelques menues pièces de monnaie apaisaient bientôt ce couple divin et réconciliés, le fils soutenant les pas du père Avril, tous deux s'en allaient tout temblants sous les grands badamiers au glauque feuillage.

J'avais plus d'une fois fait des objections au pharmacien Audier sur cette étrange libation d'un doigt ou deux d'alcool à 90° à des gens que l'abus des boissons avait conduit à l'hôpital. « Bah !

répondait Audier, il faut bien que les pauvres gens puissent rigoler un brin ; ne savez-vous pas d'ailleurs qu'en médecine, *similia similibus curantur* et ne nous faut-il pas à nous-mêmes un peu de gaieté semée dans cette vie monotone de Saint-Paul ?

CHAPITRE VIII

ET VIRGINIE ?

Et la Virginie de Roumelot ? me demandera peut-être le lecteur, se souvenant de Roumelot, le paysan de Château-Thierry que le désir d'aventures survenu chez lui avec la lecture du roman de Bernardin de Saint-Pierre, *Paul et Virginie* avait déterminé à abandonner sa Champagne pierreuse pour courir les mers au grand ébahissement de ses compatriotes ?

Eh bien, ouvrons un chapitre spécial pour lui et causons un peu de ses faits et gestes. Un historien ne peut pas, ne doit pas abandonner d'aussi intéressants personnages.

Nous avons déjà dit que séduit par les charmes de cette vie nouvelle passée au milieu de jeunes gens gais, aimables, insoucieux du lendemain, dont la gaieté constante partait en fusées étincelantes à chaque repas, Roumelot ne s'était jamais senti si heureux de vivre. Bien dormir la nuit, faire la sieste toutes les après-midi, manger convenablement, fumer tous les jours ses trois pipes régulièrement, ne rien faire sous un ciel si beau qu'il prédispose à la paresse, couler des jours sans nuages sur cette terre émaillée de fleurs, remplie de parfums, comblée de tous les dons d'une nature enchanteresse, c'était déjà réaliser la moitié de ses aspirations et de ses rêves !

Les jours heureux se succédaient aux jours trop courts. Après le déjeuner et le dîner, le brave garçon trouvait toujours quelques camarades avec qui faire sa partie de cartes qu'il gagnait fort souvent. Jamais, malgré nos remontrances, Roumelot n'avait perdu cette habitude paysanne de les faire glisser l'une après l'autre en mouillant son pouce. A sa passion idéale pour Virginie avait succédé pour le moment celle plus prosaïque du jeu, et il restait presque toute la journée, ses gros yeux bleus en arrêt à la recherche des as et des rois plutôt qu'à celle de sa dulcinée future, en concentrant à cette occupation toutes ses facultés intellectuelles. Le premier de chaque mois, il apportait régulièrement à M. Poux le prix de sa pension et toujours en beaux louis d'or et à ces seuls moments de séparation d'avec eux, s'échappaient de lui de gros soupirs de regrets en voyant ces jolis prisonniers abandonner cette malle du xvie siècle si bien cadenassée et bardée de fer. Et cet enfant terrible de Melcherts qui connaissait le meuble et avait surpris le chagrin de Roumelot, ne manquait pas de lui dire : « Eh bien ! père Gorenflot !... (Il l'affublait toujours de ce nom en souvenir du moine rougeaud figurant innocemment dans le roman des *Quarante-Cinq* d'Alexandre Dumas), il nous faut donc faire une nouvelle saignée à cet antique coffre, en exhumer les vieux doublons !... » Mais c'était le seul jour pénible de l'existence de Roumelot. Le reste du temps, il se laissait vivre dans la plus douce des béatitudes, ne s'inquiétant de rien, se levant tard, mangeant bien, buvant sec, se promenant, allant entendre la musique militaire et, Dieu me pardonne, je crois qu'il aurait continué jusqu'à présent si le sac aux doublons, dont la panse était fort respectable au début, ne s'était pas tellement affaissé au bout de dix-huit mois qu'un beau matin Roumelot se dit qu'il était temps de s'occuper sérieusement de le remplir. Il se mit alors à la piste d'une idée et d'une bonne et finit par la trouver un jour qu'il se promenait le long de la rivière de Saint-Denis.

Ce mot de rivière éveille en nous l'idée d'un cours d'eau paisible et lent qui va se jeter dans un fleuve ou dans la mer après quelques contours sinueux suivi au loin avec plaisir, ceci prouve que l'euphémisme se retrouve partout. Ainsi que je l'ai dit déjà, la rivière de Saint-Denis est loin de présenter cet aspect; formée dans le centre de l'île et descendant de l'un de ses sommets les plus élevés, cette rivière, mince filet d'eau claire à son origine se heurte partout contre des rochers puissants, s'attarde ici pour former un lac qu'un géant boirait d'une haleine, comme dit Hégésippe Moreau, là un cours d'eau sans profondeur qu'un enfant sauterait à pieds joints, plus bas et non loin de la mer, elle se divise en une foule de petits ruisseaux, n'ayant point de lit fixe et tracé, mais occupant un espace considérable semé de tous côtés de galets, de moraines, de rochers gros comme des maisons et répandus au voisinage de la caserne de l'infanterie de marine et de la ville.

Aux premières pluies de l'hivernage, et après ces trombes qui font penser au déluge universel, cette rivière où il ne serait pas possible de faire naviguer un canot minuscule, devient en quelques heures un torrent impétueux, entraînant tout sur son passage avec une force irrésistible, arbres venus dans les fissures des rochers et les flancs de la montagne, blocs énormes, géants sourcilleux que cinq cents hommes n'auraient pu mettre en mouvement et que l'eau soulève et roule comme un fétu, ponts de pierre que le génie avait passé des années pour construire et que l'eau a emportés dans l'espace de quelques heures avec un fracas et des mugissements épouvantables. Et voilà comment les témoins muets de ces cataclysmes effrayants sont échoués là en attendant qu'un nouvel effort gigantesque de la rivière plus puissant encore que les précédentes convulsions de la nature, les précipite cette fois dans la mer.

C'est dans ces flaques d'eau éparses tout le long du parcours de cette rivière au voisinage de Saint-Denis, que les femmes, négresses et mulâtresses de la contrée venaient en foule tout le long du jour blanchir du linge pour leur propre compte et le compte d'autrui. Et rien de plus pittoresque assurément que cette multitude bariolée de femmes, les unes plus ou moins couleur café au lait, les autres rivalisant avec la noirceur du cirage nubien, lavant leur linge dans ces flaques d'eau en chantant, plaisantant, gesticulant et se lutinant comme des enfants en rupture d'école ! Et comme il était bizarre, leur mode de lavage, pour un Européen les voyant pour la première fois se livrer à cet exercice ! C'est surtout debout en s'aidant de leurs pieds qu'elles savonnent ce linge, le frottant, le repliant, le dépliant, le refrottant à nouveau et n'interrompant le travail de leurs pieds que pour le lancer à toute volée et de toute leur force contre quelque rocher plat. On recommence ensuite le travail des pieds jusqu'à ce que le linge soit propre. Avec cette manière brutale de procéder on comprend avec quelle facilité les boutons s'envolent, les boutonnières se déchirent et le linge s'use ; aussi quand je vis pour la première fois mes chemises et mes pantalons fustigés de la sorte, ne m'étonnai-je plus de me voir remettre des guenilles en échange de toutes les pièces que j'avais remises en revenant de mon voyage et de ce linge objet de la sollicitude attentive de mes parents ?

Eh bien ! c'est justement en allant se promener du côté de cette rivière que des pensées sérieuses relatives au moyen pratique de renflouer son sac de doublons inspirèrent à Roumelot l'idée qui devait le mettre à même de se remettre à flot. C'est en voyant ces négresses traiter le linge d'une manière si barbare, si inhumaine par horreur du blanc sans doute, qu'il réfléchit qu'en se mettant à la tête d'une blanchisserie modèle, qu'en coulant, en un mot, la lessive comme il l'avait vu faire à la campagne, il parviendrait sûrement à se créer une clientèle. Et comme les gens n'ayant qu'une idée à la fois mais la poursuivant avec obstination, finissent toujours par la mettre debout, il réussit très bien. Au delà du faubourg et en remontant la rivière, les terrains n'étaient point chers, et il commença par acheter un terrain assez vaste, bien exposé au soleil, s'étendant du pied de la montagne en pente douce jusqu'à un endroit à l'abri des inondations et de l'envahissement du torrent, et où se trouvaient dans la saison sèche quelques filets d'eau courante bien suffisante pour alimenter d'eau sa petite usine.

Bientôt, il se mit avec ardeur à réaliser son projet. Dans ces pays caniculaires on a toujours trop de soleil, l'installation d'une blanchisserie modèle ne devait pas être très coûteuse et du reste la nécessité rend industrieux ; il mit la main à la pâte, clouant, sciant, rabotant ferme tout le long du jour, dressant des poteaux dans des blocs de pierre et cimentant le tout ; sur son terrain acheté étaient des blocs de rocher, il les fit sauter en y plaçant des mines, creusa ses fondations quand il y en eut besoin, établit à un mètre au-dessus de terre un mur destiné à supporter un long parallélogramme en bois dont les planches insuffisamment jointes laissaient passer les courants d'air destinés à sécher les jours de pluie le linge lavé. En rassemblant et faisant communiquer à volonté plusieurs filets d'eau, il creusa un lavoir facile à alimenter et bordé de pierres plates rassemblées avec soin. Ce lavoir laissait échapper l'eau à un niveau inférieur quand elle avait servi. Il fit confectionner des battoirs, et des baquets munis de paille où les femmes pouvaient s'agenouiller et laver sans fatigue.

Non loin de là et au dehors, il réserva un espace où il planta régulièrement de longs piquets reliés par des cordes pour y recevoir et étendre les grosses pièces de linge, draps, couvertures, etc., qui se balançaient au vent et séchaient assez vite pendant que les petites pièces étaient confiées au séchoir et plus spécialement surveillées.

Il lui restait à se constituer un personnel féminin et ce fut assurément la partie la plus difficile de son entreprise ; il fallut arriver à persuader à toutes ces dames d'abandonner leurs vieilles habitudes de tout briser, de tout déchirer et ce ne fut pas une petite affaire; mais d'une part, il les payait bien, était ferme et juste ; de l'autre les femmes de couleur adorent tripoter l'eau ; elles y vivraient, en sorte qu'il réussit à force de patience et de bons traitements par en trouver un certain nombre et à les former à sa volonté. Bref son entreprise avec ce qui lui restait d'argent prospéra, les frais avancés étant peu considérables.

L'année d'après il se fit construire une case en bois à trois compartiments qu'il entoura de flamboyants, d'hibiscus, de manguiers et d'azédaracs, le lilas de la Réunion, sans oublier les orangers ni les manguiers greffés, ni ces plantes grimpantes qui poussent là-bas à souhait et rapidement.

Il avait réalisé son entreprise peu de temps après mon départ pour Madagascar et quand je revis Melcherts à Mayotte, et que je lui demandai des nouvelles de mon ancien compagnon, il m'apprit qu'il s'était fait blanchisseur et faisait bien ses affaires ; aussi quand je revins à Saint-Denis, allai-je avec plaisir lui serrer la main et le féliciter. Le père Gorenflot, comme l'appelait le pharmacien, me montra avec satisfaction son établissement qui était fort bien tenu, qu'il se proposait d'agrandir encore et dont je lui fis compliment.

— Et Virginie, lui dis-je en le quittant?... Y pensez-vous toujours ?

— Virginie, me répondit-il, en souriant et en caressant avec plus de complaisance que jamais sa barbiche jaune et rouge, la voyez-vous là-bas qui surveille et commande l'escouade des lessiveuses ?... J'ai fini par dénicher une bonne créature qui m'est dévouée, m'a compris et m'aide puissamment autant qu'elle peut. C'est, Dieu merci, une autre femme que Constance ! et si nous, nous n'avons pas les palmiers gigantesques et les vigoureux pamplemousses de l'île Maurice, et leur ombrage pour nous reposer, nous nous asseyons volontiers le soir, heureux, sous notre véranda pour respirer la brise de mer après une journée bien employée !

Je lui serrai la main et le quittai. C'était un modeste et un persévérant, aussi avait-il réussi.

CHAPITRE IX

TOULORGE.

J'ai toujours admiré ces romanciers féconds inventant de toutes pièces une histoire fertile en incidents tragiques où se déroulent tour à tour, avec une fertilité merveilleuse, les événements les plus divers, séduction, vols, assassinats, vengeance et haines terribles et où l'intérêt pour le lecteur va toujours en croissant jusqu'à la dernière page, mais mon imagination rebelle à l'invention n'a jamais pu marcher sur leurs traces et mes ressouvenirs de jeunesse n'ont jamais décrit que des faits vrais dont j'ai été témoin oculaire et qui se sont déroulés devant moi. Et quand je les exhumai tour à tour, un à un, du passé, je ne fus jamais tenté de les amplifier ni de les broder. Il en sera ainsi dans l'histoire bien simple que je vais raconter et dont un de mes camarades, comme moi chirurgien de troisième classe, a été le héros.

Il s'appelait Toulorge et était créole né à Saint-Denis. Son père d'origine normande ainsi que l'indique son nom, avait peut-être dans les veines quelques gouttes de ce sang hardi et aventureux des compagnons de ce Rolland qui avec ses hardis compagnons, pirates, écumeurs de mer ou chercheurs d'aventures avaient jadis envahi la Normandie et s'étaient taillé à la pointe de leur épée un royaume dans les deux Siciles.

Quoi qu'il en soit M. Toulorge père s'était, aussitôt en possession du diplôme de pharmacien, mis en quête d'une position et s'était embarqué pour la Réunion pour y trouver une place et un soleil meilleur que celui de Rouen. Instruit, entreprenant, novateur, il avait réussi à fonder à Saint-Denis dans l'île de la Réunion, une pharmacie superbe, s'était marié avec une créole aisée, intelligente, d'une des familles les plus honorables du pays, qui l'avait rendu père de trois garçons magnifiques. L'aîné, entré dans le commissariat de la marine, résidait à Toulon, le cadet, reçu chirurgien de marine, était mon camarade à l'hôpital de Saint-Denis, enfin un troisième devait succéder à son père et exerce présentement la pharmacie à l'Ile Maurice.

C'est à l'hôpital de Saint-Denis où nous appelait notre service que nous fîmes connaissance, Toulorge et moi, pour devenir plus tard tout à fait intimes. Notre service était aussi doux et agréable que possible sous la direction paternelle de notre médecin en chef, M. Dauvin, un parfait galant homme et plusieurs médecins de première classe détachés là-bas comme nous. Avant d'entrer à l'hôpital, le matin, nous allions assez souvent faire une promenade au marché très abondamment pourvu de fleurs et de fruits de toute espèce, certains d'y rencontrer beaucoup de dames et de demoiselles créoles dont l'éclat, la fraîcheur et la beauté rivalisaient avec ces roses de l'île Bourbon, célèbres dans l'univers entier. Puis satisfaits d'une journée si bien commencée nous rentrions faire notre service, l'âme joyeuse à l'aspect de cette nature tropicale si verdoyante, si fleurie qu'elle donne la sensation d'un printemps perpétuel.

Mais avant d'aller plus loin, traçons ici le portrait de mon ami Toulorge. Grand, élancé, bien fait de corps, comme le sont en général tous les jeunes gens créoles, sa figure formait un ovale très allongé où rien de remarquable n'était à noter à l'exception de deux yeux assez vifs. Point de barbe, une démarche un peu déguingandée, une physionomie attirante avec une teinte mélancolique qui lui seyait à merveille. Mais cessait-il de rêver, et commençait-il à parler, qu'un sourire charmant relevant les coins de sa bouche ne l'abandonnait plus. Rien qu'en le voyant, on devinait un cœur ouvert et généreux, en sorte que sans s'en apercevoir et sans prendre le temps de réfléchir, on ressentait pour Toulorge une sympathie que quelques heures d'entretien faisaient s'accentuer davantage!

Une autre cause de cette attirance dont il était le foyer, était sa façon de jouer du violon. Certes j'ai entendu bien des musiciens émerveiller leur auditoire par leur doigté miraculeux et de véritables tours de force, mais je n'ai entendu personne en jouer avec autant d'âme et faire parler ou chanter leur instrument avec autant d'expression. Vibrant sous ses doigts, tour à tour, il priait, implorait, frissonnait, faisait rêver et transportait les personnes sensibles au septième ciel dans ces espaces bleus, infinis, qu'on appelle l'Empirée!

Toulorge élevé par une mère pieuse avait conservé pendant le temps de ses études médicales à Toulon aussi bien que plus tard à la Réunion un sentimentalisme chrétien qui l'avait préservé de ces grandes folies de la jeunesse aussi fréquentes que les orages dans les pays intertropicaux. Les passions amoureuses si furieuses parfois là-bas lui inspiraient le même dégoût que la fange inspire à l'hermine. Peut-être aussi les études qui avaient jusqu'alors captivé son attention l'en avaient-elles jusqu'alors préservé, en le maintenant dans une sorte de chasteté morale qui lui faisait admirer la vertu et détester le vice.

Avec ces dispositions psychologiques il était évident que lorsque le cœur de l'ami Toulorge, endormi jusque-là, s'éveillerait et se mettrait à battre, il sortirait de son long sommeil. Avant les premiers tintements de la cloche annonçant à l'aurore le retour du jour, le ciel, la terre entière, avec tout ce qui embellit la nature, les fleurs, les plantes, tout en un mot faisait silence ; aucun bruit ne réveillait les échos endormis, aucune voix ne troublait la paix des champs. Mais voici que se répand dans les airs le premier coup de l'angélus et aussitôt la terre s'éveille, l'oiseau retire sa tête repliée sous son aile, le bœuf mugit dans l'étable lointaine, le coq célèbre à sa façon le retour du jour, le soleil éclaire l'horizon de ses rayons obliques, l'insecte bruit sous la feuillée où il s'était blotti le soir, et cette nature morte il n'y a qu'un instant se ranime, prend vie, chante et bat la générale: Ces trois coups de cloche ont suffi pour opérer cette résurrection !

Le cœur de Toulorge avait, lui aussi, dormi dans un profond sommeil, rien jusqu'alors ne l'avait fait tressaillir en dehors de l'affection profonde de ses parents. Il était donc merveilleusement préparé à recevoir le coup de foudre classique ou plutôt électrique d'un premier amour et voici dans quelles circonstances il fut envahi par une pensée, une image devant laquelle toute chose au monde pâlit, s'efface et disparaît.

On sait que dans un hôpital militaire, au temps jadis du moins, car malgré les protestations des malades et des médecins, bons appréciateurs cependant des services rendus, les sœurs faisaient partie pour ainsi dire, de l'état-major médical. A chaque visite dans les salles du médecin ou du chirurgien en chef, une sœur se tenait modestement à la fin du cortège, écoutant et notant les recommandations de la faculté pour la nourriture, la ration, la tisane, un mets particulier et le genre de boisson recommandée. Or, dans l'une des salles où notre camarade allait deux fois par jour faire son service, était également attachée une jeune sœur appelée sœur Céleste, venue dans la colonie depuis plusieurs années et jamais nom ne pouvait s'appliquer autant que celui-là à la personne qui le portait. Grande, mince, élancée, le teint blanc et rose, ses yeux d'un bleu foncé d'algue marine surmontés de sourcils très noirs et finement dessinés étaient heureusement voilés par de longs cils de même nuance. Impossible de voir un visage plus séraphique, un sourire aussi doux, d'entendre une voix d'un timbre aussi harmonieux.

Sœur Céleste ne devait pas être (cela se devinait) d'une naissance ordinaire, car tout en elle, malgré ses humbles habits de bure grise, révélait la jeune fille de distinction, une praticienne. A côté des autres sœurs, mal fagottées, à la taille épaisse et carrée, elle semblait être une reine au milieu de ses sujettes. Elle en avait, du reste, le port et la démarche ; et quand, traversant la salle, elle s'en allait d'une extrémité à l'autre, le regard charmé la suivait avec une secrète attirance. Sa robe n'était pas comme celle de ses compagnes, une sorte de sac, un fourreau, non, elle dessinait sa taille souple et mince naturellement, elle retombait en plis harmonieux et les longues ailes de sa coiffe descendant sur ses épaules faisaient involontairement songer à ces anges de plâtre agenouillés de chaque côté du maître-hôtel et s'abîmant dans une adoration mystique !...

D'où venait sœur Céleste ?...

Nulle autre que la sœur supérieure n'aurait pu le dire ; une grande douleur avait-elle, malgré son extrême jeunesse, passé par là ?... La mort l'avait-elle brusquement séparée de parents aimés ?... Un amour malheureux avait-il imposé à cette fleur humaine idéale le sacrifice de l'éloignement ? avait-elle volontairement et pour l'amour de Dieu seul, recherché l'exil, et l'immolation d'elle-même, en faveur de ceux qui souffrent et qui pleurent à l'hôpital ? On l'ignore, mais il est certain, qu'une peine secrète avait flétri son cœur, car rarement, bien rarement, un sourire aussi triste que doux venait éclairer son visage. Et cette pensive mélancolie n'était qu'un charme de plus ajouté à sa grâce attrayante et l'âme rêveuse et sentimentale de Toulorge devait remarquer fatalement cette jeune religieuse si différente des autres femmes et dans une position si exceptionnelle, qu'il était appelé à la voir très souvent. Les obligations du service les rapprochaient, en effet, deux fois par jour, et, quand la visite du matin était terminée, que le chirugien de première classe et les infirmiers étaient partis, Toulorge ainsi que la sœur devaient rester encore dans la salle, allant et venant auprès des malades, ici faisant un pansement, là complétant une feuille de clinique pendant que sœur Céleste apportait à chacun d'eux son lait, son chocolat ou versait une cuillerée de sa potion en l'accompagnant de quelques paroles d'encouragement.

Et pour que distribution des aliments ou exécution des ordonnances fussent régulièrement faites, il fallait bien s'adresser la parole, se regarder, s'interroger, s'expliquer pour le bien du service et la voix de sœur Céleste était si pénétrante, si harmonieuse, son regard si doux, si profond en même temps quand il ne se voilait pas et s'obstinait à regarder la terre que bientôt, notre ami Toulorge sans se l'avouer à lui-même se sentit de plus en plus attiré, subjugué par cette affection mystique et religieuse qui se contente de peu et n'ose même pas, dans ses rêves les plus audacieux, toucher du bout des doigts la personne aimée, la regardant plutôt comme une sainte que comme une créature terrestre !

Chacun des six chirurgiens sous-aides desservant l'hôpital militaire et maritime de Saint-Denis avait son tour de garde revenant périodiquement et durant huit jours. Généralement, c'était avec un grand ennui que chacun de nous, ivre de liberté comme on l'est à vingt ans, jaloux de nos aubades, de nos soirées, de nos promenades voyait arriver cette quarantaine d'une semaine pendant laquelle, il ne pouvait s'absenter un seul instant afin de recevoir à toute heure de la nuit et du jour les soldats, les matelots ou les gendarmes envoyés à l'hospice. La consigne était sévère et à part une promenade de quelques instants qu'il nous était permis de faire devant la porte de l'édifice, nous subissions avec regret ces huit jours de consigne, sorte d'arrêts involontaires. Et puis, en voyant passer devant nos yeux tous ces gens allant et venant en toute liberté (1), en les voyant s'arrêter pour causer et rire avec l'entrain et la bonne humeur particuliers à ce peuple où la vie est si intense, si communicative, nous ressentions un véritable mal au cœur par la comparaison de leur sort avec le nôtre.

Or, ce fut pendant une de ces périodes de calme plat et forcé que notre ami Toulorge ressentit ce coup de foudre, qui lorsque le cœur a soif d'aimer mais est encore incertain s'il doit s'enga-

---

(1) Devant l'hôpital et sur cette place se tenait un des marchés supplémentaires de Saint-Denis.

ger dans ce chemin de l'amour bordé de plus de ronces, d'épines et de broussailles que de roses; l'envahit tout à coup, accentue sa défaite et le jette étourdi, enchaîné dans ces liens qu'il maudira plus tard peut-être ?

Un soir qu'un militaire entrant sur le tard à l'hôpital réclamait les soins du chirurgien de garde qui n'était autre que Toulorge, sœur Céleste accompagnée de l'infirmier entra à son tour dans la salle, pour y réciter comme à l'habitude, à haute voix, la prière du soir; l'infirmier posa son flambeau allumé devant la sœur. Presque tous les malades reposaient sur leurs lits ; une veilleuse éclairait seule là-bas et faiblement, l'extrémité de la longue salle où régnait un profond silence ; la sœur s'agenouilla. La figure, éclairée en plein par le cierge qui était devant elle, se détachait admirablement des pénombres de la salle. Toulorge, occupé au chevet de son malade, se retourna soudain en entendant les paroles dont les catholiques accompagnent le signe de la croix et tressaillit comme frappé par un courant électrique en voyant ce visage angélique se détachant seul au milieu de l'obscurité. Le cadre lui avait manqué jusque-là... et le charme commençait... il continua bientôt quand il entendit la sœur réciter la prière du soir.

Il y a cent manières de dire une prière ; les uns, ceux qui prient sans penser à l'acte qu'ils font, la psalmodient d'une voix traînante et toujours sur le même ton — ; les autres la récitent comme un morceau quelconque appris par cœur et dont on a hâte de se débarrasser vivement; mais quelques personnes, mieux inspirées, plus pénétrées par la foi, plus désireuses de se rapprocher de la divinité, d'entrer en communion d'idées avec elle, se recueillent, la prononcent avec ferveur en s'adressant au Seigneur comme on parle à un être aimé, souverain dispensateur de tout ce qui est le bien, le beau et l'infini !

Sœur Céleste appartenait à cette dernière catégorie de penseurs ou croyants, en sorte que sa voix tour à tour tendre, fervente ou suppliante avait des intonations infinies communiquant à tous une émotion indéfinissable ; aussi tous les auditeurs sans exception, ces marins, ces soldats exposés chaque jour à lutter contre la mort sous ses mille formes, sous ses multiples atteintes s'unissaient-ils avec la même ardeur et dans le même consensus, à cette prière consolatrice émanée du cœur après laquelle l'homme se sent toujours meilleur et réconforté !

Toulorge déjà attiré sans le savoir et sans se le dire par le charme séduisant (et qui n'en était que plus grand) qui s'exhalait de cette créature placée en dehors du monde habituel, fut tout saisi ce soir-là et quand après la prière, il rentra la nuit dans le modeste réduit placé au milieu de la cour ombreuse qui composait notre salle de garde, il y retrouva cette apparition divine mille fois plus belle que celles qui avaient frappé ses yeux dans nos églises ou qui avaient illuminé ses songes de jeune homme. Jusqu'alors, c'était sans y songer et sans y réfléchir qu'il s'était rencontré avec la sœur Céleste ; sans doute, il se plaisait à la regarder, à la suivre des yeux, à se trouver auprès d'elle, mais c'était tout. A dater de ce jour-là, il ne songea plus qu'à la revoir à chaque instant, il était au courant de tous ses pas, de ses moindres démarches ; il savait les heures où elle entrait dans la salle, où elle allait à la chapelle, où elle procédait à la distribution des potions ou des aliments ; il était encore là, là surtout au moment où elle récitait la prière du soir et il trouvait chaque fois un moyen, un prétexte pour y assister, recueilli dans la salle. Et quand elle en sortait, il aimait à la croiser dans le grand escalier et à la saluer en passant d'un « bonsoir, chère sœur », qu'il prononçait bien bas, désireux de ne pas effaroucher cette charmante colombe ; mais comme il aurait voulu le rendre plus tendre, plus pénétrant encore pour s'entendre dire à son tour un : « bonsoir, monsieur Toulorge » qui résonnât toute la nuit à ses oreilles et dans lequel, comme tous les cœurs épris, il devinât ou crut deviner mille significations tendres qui faisaient battre à son cœur une chamade effrénée.

Après la prière dite chez les malades, les bonnes sœurs allaient dans leur chapelle particulière faire à leur tour leur prière, mais à cette heure, son entrée était interdite à tous. Cependant, tout espoir de revoir son amie n'était pas encore perdu, car après neuf heures, les malades étant consignés dans leurs salles, les sœurs pouvaient se promener et respirer par groupes, l'air frais du soir sous les glauques badamiers qui de leurs rameaux étalés remplissent la vaste cour de l'hospice. Or, avec ce secret instinct qui permet à un cœur amoureux de distinguer entre mille, la femme adorée, Toulorge en se tenant dans une des pièces de la salle de garde, suivait des yeux, dissimulé dans l'ombre, sœur Céleste se promenant avec ses compagnes et passant à quelques pas de lui.

Parfois encore, incapable de se contenir, cédant au besoin d'exprimer les sentiments qui agitaient tumultueusement son cœur et lui inspiraient le désir de traduire les sentiments qui le débordaient, Toulorge prenait son violon et dans le silence de la nuit recueillie, cherchait à faire entendre à toute la nature sa soif d'aimer. Et il conviait son instrument à exprimer sa mélancolie, ses prières passionnées, ses plaintes vibrantes, en les exhalant avec délices. Puis à ces accents humbles, timides, succédaient l'ivresse du triomphe, et la joie de l'amour partagé. Il savait que son amie l'entendait et peut-être, se disait-il, m'accorde-t-elle en ce moment même une pensée, un soupir, un regret !

La mère de Toulorge qui était une excellente chrétienne et patronnait une infinité de sociétés de charité, était en relations avec la supérieure et venait parfois visiter les sœurs en même temps que son fils à l'hopital lorsqu'il était de garde ; c'était un jour heureux pour notre ami parce qu'il allait avec sa mère rendre visite à la sœur supérieure et se trouvait dans le même parloir que sœur Céleste. Parfois même il y trouvait l'occasion de lui parler une fois de plus et devenait ainsi de moins en moins un étranger pour elle. La bonne supérieure, comme toutes les âmes pieuses à l'abri des passions du monde, n'en soupçonnant point les artifices et ne voyant point le moindre danger dans sa démarche, avait songé au moyen de rendre plus belles les cérémonies de sa chapelle et pour cela offrit innocemment au jeune chirurgien l'occasion de multiplier ses entretiens avec sœur Céleste.

— Votre fils, madame, dit-elle un jour à Mme Toulorge, joue du violon avec une très grande expression et comme nous avons ici une sœur qui tient votre orgue avec beaucoup de talent et une autre sœur qui a une voix très belle, il pourrait, s'il y consentait, rehausser l'éclat de nos cérémonies par quelques morceaux de musique sacrée qu'il accompagnerait avec son instrument?

— Mais je suis sûre, madame la supérieure, que mon fils, musicien passionné, sera enchanté de vous être agréable et se mettra avec plaisir à votre disposition! »

Or, cette sœur douée d'une voix admirable n'était autre que sœur Céleste qui avait reçu une éducation accomplie. On devine combien cette proposition devait aplanir les obstacles difficultueux pour un amour de ce genre. Il fallait accorder le violon avec l'orgue, répéter, recommencer encore, causer, être bien près, lever les yeux l'un sur l'autre, se saluer en se quittant avec un long coup d'œil exprimant mille tendresses et mille regrets, et bien que d'après la chanson du bois de Bayeux, on se trouve mieux à deux qu'à trois, la présence d'une personne tierce, laissait ces deux êtres parfaitement heureux, de ce demi-mystère, de cette discrétion oubliée par instants bien courts mais occasionnant alors un trouble fugitif délicieux.

On a inventé le langage des fleurs en attribuant à chacune d'elles un sentiment, une phrase, une signification qui permette de se parler et de se comprendre sans ouvrir les lèvres, mais l'amoureux le plus craintif n'a besoin ni de la parole, ni du geste pour exprimer ce qu'il ressent et le cœur le plus ingénu a dans les yeux un téléphone puissant et discret qui lui permet de se faire comprendre sans bruit et à distance! Que de confidences ils osent, en effet, révéler que l'oreille rougirait d'entendre, que la voix craindrait de révéler et encore moins de prononcer. Les âmes craintives redouteraient de s'en faire l'aveu à elles-mêmes et refoulent ce secret dans le repli le plus caché de leur conscience!

Et qu'on ne s'étonne pas de voir la sœur Céleste s'abandonner au charme de se sentir recherchée, regardée et comme elle le pressentait, aimée. D'abord l'amour n'est-il pas un mal contagieux alors même que le respect et la religion imposent une barrière sérieuse aux âmes chastes et timorées qu'une brusque pression de mains, un simple contact, le plus respectueux aveu effraieraient à l'égal du péché le plus abominable. Pour ces organismes délicats, il est des effluves secrètes qui vont réveiller des germes endormis dans les replis mystérieux de leur âme et qui attendaient leur venue pour surgir et s'animer; et d'ailleurs, le diable sait s'y prendre pour ne pas effaroucher ces blanches colombes qui n'avaient vécu jusqu'alors que des miettes tombées de la table sacrée.

Pour la sœur supérieure, avoir réussi à amener Toulorge à assister à la messe, aux offices religieux, à les embellir en faisant vibrer l'âme de son violon, à les suivre avec recueillement, à recevoir incliné la bénédiction du Saint-Sacrement, c'était un véritable triomphe, presqu'une conversion dont la sœur Céleste avait été l'instrument et quant à ce qu'étaient les sentiments intimes de cette dernière, elle se laissait aller, les yeux fermés et sans scrupules à cette pente si douce où le péché n'apparaissait point encore. Flattée tout d'abord des respectueuses attentions dont elle ne pouvait point s'effaroucher, elle s'était accoutumée à voir tous les jours le jeune chirurgien ; elle avait trouvé sa voix douce et tendre. Ses réponses à elle tout d'abord avaient été brèves et mal assurées, puis, elle s'était enhardie peu à peu à causer plus longuement. Le lendemain du jour où pour la première fois il était allé à leur chapelle, elle lui dit combien elle avait été heureuse de l'y apercevoir priant en même temps qu'elle. C'était lui dire tacitement de revenir... et il n'y manqua point. Les semaines où il n'était point de garde et où il ne pouvait lui parler qu'à la dérobée à la fin du service, lui paraissaient d'une longueur démesurée, et quand plus tard, il lui annonça qu'il prendrait le service de la semaine, elle se sentit tout heureuse, heureuse à en rougir follement et sans y penser, elle mit sa main droite sur son cœur afin d'en réprimer les battements trop violents ou indiscrets.

Et puis, sœur Céleste avait pour légitimer cet amour qui la gagnait de plus en plus, formé un projet qui justifiait, je dirai plus, qui consacrait cette douce quiétude à laquelle elle s'abandonnait sans défense, pour ainsi dire. Elle s'était flattée de l'espoir de gagner à Dieu l'âme de Toulorge, d'en faire un croyant, un fervent chrétien. Aussi, son nom venait-il à chaque instant dans ses prières, il était devenu l'objet de ses pensées aux pieds des autels ; elle implorait Dieu pour lui et sans qu'elle s'en doutât, la pauvrette, le culte de l'homme marchait de pair avec celui de Dieu. Comment dans cette communion ardente, eût elle pu apercevoir un danger ? Son but n'était-il pas de conquérir une âme de plus pour le ciel ?

Enfin ! que de circonstances atténuantes à cet amour innocent pour qui les larmes et les regrets ne semblaient point être faits ! Sœur Céleste avait vingt ans à peine et Toulorge vingt-trois ! J'ignore si le cœur de la femme avait battu jusqu'alors mais celui de Toulorge était vierge et frémissait pour la première fois. A l'aurore de la vie, les impressions s'y devaient graver profondément et dans le recueillement de cette existence nouvelle elles y entretenaient un enchantement perpétuel. Ajoutez à ces chaudes impressions de la jeunesse l'influence latente d'un climat délicieux où la vie est intense, où on ressent l'impérieux besoin de se mettre à l'unisson d'une nature enchanteresse, toujours riante, parée de fleurs aux parfums enivrants. Est-ce que ce cadre merveilleux d'un ciel féerique, cette nature débordante de sève et de splendeur, ces cascades limpides et neigeuses, est-ce que tout ce qui les environnait ne semblait pas leur dire à tous deux du soir jusqu'au matin et de l'aube au crépuscule : « Aimez-vous, mes enfants, aimez-vous ! C'est là qu'est la félicité suprême, l'heure est venue ! vivez ! rêvez ! aimez ! »

Après quelques mois faisant de cet hôpital un coin du paradis, Toulorge ne vivait plus que dans son rêve étoilé ; cette douce vision le suivait partout et pendant qu'il appelait tout haut, la religieuse « ma sœur » tout bas, il osait l'appeler « Céleste ! » Et cela cependant, sans que ce divin mot « Je vous aime » eût jamais été prononcé entre eux, bien que ces deux jeunes gens fussent devenus profondément épris l'un de l'autre. Mais cette affection profonde se dissimulait sous les apparences de l'amour divin et quand ils priaient tous les deux le soir, car Toulorge n'y manquait point, selon les recommandations de l'âme sœur, le nom du bien-aimé ou de l'adorée, son image entrevue dans la journée ou la veille se glissaient au milieu des *Ave Maria* ou des *Souvenez-vous* et c'étaient sur ces chères visions que se concentraient leurs prières, leurs vœux et leurs invocations les plus ferventes !

Cet amour mystique où deux âmes se rapprochaient, se confondaient sans cesse et avec le même élan dans le sein de la divinité suffisait à leur félicité ; sincèrement croyants, également purs, condamnés à ne se voir qu'en plein jour, devant les malades ou devant les sœurs à la chapelle, pleins d'un égal respect l'un pour l'autre, ils étaient matériellement à l'abri d'une seule faiblesse ou d'une minute d'abandon. Le soir, se regarder, échanger un regard ou quelques mots suffisait à leur bonheur et leurs vœux les plus téméraires n'allaient point au delà. La petite sœur avait réellement réussi à faire de Jules un catholique fervent. De son côté Toulorge, pour ne pas s'éloigner de son foyer d'attraction, en était arrivé à ne plus sortir de l'hôpital et à faire toutes nos gardes à notre place. « J'ai besoin, disait-il, de préparer mes examens de rentrée et je suis plus seul et mieux à l'hôpital que partout ailleurs pour étudier ! » Nous en pensions ce que nous voulions, mais la vérité était que cet attachement un peu éthéré, il est vrai, mais ne renfermant pas un atome d'argile ou de poussière malsaine faisait seul ses délices et sa vie !

Six mois s'écoulèrent ainsi, mais le moment arriva où il devait être rappelé en France et un jour, il reçut l'ordre d'embarquer sur une frégate qui rentrait en France, à Toulon, après un long voyage autour du monde ; allait-il dire un suprême adieu à son amie ? La fatalité allait-elle les séparer brusquement l'un de l'autre et cela pour toujours peut-être ? Tout semblait le présager et cependant il en advint tout autrement : J'en suis encore à me demander si ce fut l'influence d'un hasard bienheureux, une démarche de Toulorge auprès du gouverneur, M. Hubert Delille, avec lequel il était bien ou bien à quelles protections il eut recours. Mais quoi qu'il en soit, sœur Céleste reçut en même temps que trois autres sœurs l'ordre de rallier le siège de son ordre, Autun, et d'embarquer sur la même frégate qui ramenait notre ami.

Si, comme on l'a souvent dit, l'amour est plus fort que la mort elle-même, nous ne nous étonnerons pas trop que dans cette circonstance ces deux volontés réunies par une sorte de force magnétique aient triomphé de difficultés en apparence insurmontables !

Toulorge, en s'embarquant avec l'être qu'il aimait le plus au monde, était absolument radieux, tandis que sa pauvre mère, malgré toute son énergie, se désolait de le voir s'éloigner sans savoir pour combien de temps, tant est vraie cette pensée sur les enfants et surtout les enfants amoureux.

> Enfants, vous n'aimerez jamais vos mères,
> Comme elles vous auront aimé !

Du moment que les flancs de cette frégate abritaient son trésor le plus cher, celle qu'il aimait, que lui importait le reste du monde, puisque la moitié de lui-même ne le quitterait plus et qu'il la verrait chaque jour, qu'ils respireraient le même air ? l'amour est pétri d'égoïsme. Elle seule et c'était assez.

Ce long séjour à bord devait forcément déterminer un changement psychologique assez singulier pour les deux amis et je dois le noter ici parce qu'il renferme un grand fonds de vérité. Bien qu'il y eût sur la frégate un aumônier disant la messe tous les matins et récitant en présence de tout l'équipage la prière du matin et du soir, on comprend que notre quatuor de sœurs ne trouvait pas au milieu de quatre cents marins et de douze officiers, la paix, le silence, la vie calme consacrée au recueillement religieux dans lequel elles vivaient auparavant à la Réunion. Quelques jurons échappés de temps en temps aux mathurins, quelques airs égrillards fredonnés le soir sur le gaillard d'avant et dont l'écho parvenait à la dunette, des histoires racontées dans les quarts de nuit et dont les paroles, avec le calme des nuits tropicales, retentissaient à l'arrière où passagères, femmes d'officiers d'infanterie de marine, sœurs de Saint-Joseph de Cluny et officiers se tenaient le soir à la recherche d'un peu de brise tempérant la chaleur des tropiques, troublaient un peu leur existence actuelle remplie jadis par les soins à donner aux malades, les chants sacrés, les oraisons et la méditation. Quelques pensées mondaines s'étaient frayé un accès plus facile chez sœur Céleste se sentant éperdument aimée, désireuse comme toutes les femmes d'assurer son empire et affranchie momentanément des habitudes claustrales. Prenant part aux conversations des gens du monde qui l'entouraient, elle se livrait un peu plus au bonheur de regarder son ami et de causer avec lui toujours en présence d'autres personnes, il est vrai, mais enfin l'intimité devenait plus grande, les coups d'œil plus vifs, les serrements de mains plus intimes et plus d'une fois, (cela devait arriver à la longue) Toulorge osa lui dire ce mot si redouté jadis : « Je vous aime ! »

Et puis, nous le devons ajouter, le séjour à la mer, l'atmosphère saline de l'Océan, la nourriture tonique du bord, tout cela rend l'âme féminine plus tendre, plus communicative; elle est plus impressionnable, plus ouverte aux passions humaines et la jeune sœur, je ne répondrais point du contraire, songeait peut-être que des vœux faciles à rompre l'attachaient seuls à la vie religieuse et qu'elle pouvait abandonner à son gré cet habit sévère de couleur sombre ? Peut-être caressait-elle aussi cette pensée qu'elle saurait aussi bien qu'une autre remplir sa place de jeune dame dans le monde, engager sa foi, donner sa main à ce jeune homme, lui être unie pour la vie, toutes pensées qu'elle aurait rejetées avec indignation, avec effroi même, il y a quelques mois, et qui, peu à peu, avaient filtré dans son esprit, depuis ces soirées de la dunette, pendant ces nuits délicieuses, quand la lune montait à l'horizon et se mirait dans les flots d'argent pendant que le gouvernail déchirant la plaine d'azur foncé en faisait jaillir des myriades d'étincelles phosphorescentes en laissant derrière lui une sorte de voie lactée semblable à celle qui sillonne le firmament.

La nuit et seule, sœur Céleste s'était sentie plus d'une fois rêveuse et troublée par l'image du bien-aimé dont l'empire avait fini par dominer tout son être; la pression de la main de Jules était plus envahissante, elle la croyait parfois de feu et ce feu montait jusqu'à son cœur et alors sa pensée s'égarait dans des sentiers inconnus jusque-là pour elle et où ils marchaient doucement tous les deux !

La traversée de la frégate avec les relâches

obligatoires dura quatre mois et bientôt, elle jeta l'ancre dans le dernier port où elle devait atterrir, Madère, en attendant qu'elle eût atteint la rade de Brest, c'est-à-dire la France.

On n'ignore pas que l'île Madère est réellement charmante et que les facultés de médecine la conseillent souvent comme le séjour le meilleur pour les poitrinaires ; aussitôt que la frégate eut laissé tomber l'ancre à Funchal, la jeunesse folle et rieuse des aspirants et des enseignes s'empressa de demander la permission de descendre à terre ; parmi eux se trouvait Toulorge et bientôt la bande joyeuse s'attabla (c'était le soir) sous la véranda d'un des meilleurs cafés de la ville. De là, on dominait la rade et le coup d'œil était resplendissant. La chaleur était extrême ce soir-là et suivant l'habitude on demanda en hâte ce dont on était surtout privé à bord, des glaces. Les jeunes gens s'en firent servir à profusion et sans aucune modération. Toulorge suivit l'exemple général. Puis, on rentra gaiement à bord.

Mais voici que pendant la nuit, notre ami ressentit de violentes douleurs abdominales qu'il attribua à une entéralgie et qu'il essaya de calmer avec quelques gouttes de l'audanum, ce fut en vain. Le matin ses douleurs devinrent plus aiguës et se généralisèrent, la fièvre survint. Les médecins du bord s'empressèrent de le venir voir et diagnostiquèrent une péritonite possible. mais plusieurs symptômes faisaient défaut et ils se rallièrent à l'opinion d'un rhumatisme préabdominal. En effet le moindre mouvement, la plus légère pression du doigt sur les parois du ventre lui arrachaient des cris perçants. Tout d'abord, on espéra qu'avec des bains prolongés, du collodion et force calmants, on ferait reculer et disparaître la maladie ; mais il n'en fut rien et la fièvre et la souffrance redoublèrent. Aimé de tous, chacun des officiers venait visiter le pauvre garçon au poste où son hamac était suspendu, mais il y était mal et le second chirurgien du bord qui habitait la pharmacie s'empressa de l'y installer pour le soigner plus commodément. Le commandant, l'aumônier, les sœurs vinrent aussi lui rendre visite en cherchant à le réconforter tour à tour.

Les yeux de Toulorge animés déjà par la fièvre redoublèrent d'éclat quand il vit sa bien-aimée Céleste et le long regard qu'il attacha sur elle trahit les sentiments infiniment tendres interdits à ses lèvres et quand les sœurs partirent, il serra longuement la main de sœur Céleste en lui disant : « Vous reviendrez demain, n'est-ce pas ? »

Son amie passa cette nuit-là dans les pleurs et la prière, et le lendemain elle s'installa résolument avec une autre sœur auprès du lit du malade.

— Quel bonheur, lui dit-il, de vous avoir auprès de moi, et comme vous me gâtez ?...

— Mais n'est-ce pas notre devoir de soigner les malades et de consoler ceux qui souffrent ?

— C'est qu'en réalité, ajouta Toulorge, votre présence semble adoucir mes souffrances ou tout au moins augmente mon courage à les supporter ! »

Et pendant tout le jour, en effet, le mal resta stationnaire et le pauvre garçon eut la consolation d'être assisté par les sœurs qui se remplacèrent deux par deux, auprès de lui et quand à force d'opium et de chloroforme, le malheureux sommeillait quelques instants, les religieuses s'agenouillant auprès de ce lit de douleurs, priaient avec ferveur demandant à Dieu la guérison ou du moins l'apaisement des souffrances de Toulorge et sœur Céleste offrait à Dieu en sacrifice sa propre existence en échange de la sienne.

— Voyez, leur disait-il, mes mains sont glacées, réchauffez-les, je vous prie, dans les vôtres, cela me ranime, me fait du bien, je souffre réellement moins, et les pauvres sœurs couvraient une de ses mains dans les leurs. Après un moment de ce contact et de recueillement, Toulorge eut encore la force de plaisanter et avec un sourire navrant, il ajouta : « Voyez, mesdames, sœur Céleste a fait comme l'amie de Jésus ; elle a pris la meilleure part, elle a pris et elle garde la main gauche !... »

Le matin du cinquième jour, le mal parut s'amender; la pression de l'abdomen cessa d'être douloureuse, la fièvre diminua, le bon sourire de Toulorge reparut, et déjà tout le monde se réjouissait à bord de le savoir mieux ; mais ce ne fut qu'une accalmie trompeuse; bientôt des douleurs horribles éclatèrent brusquement dans la tête, les médecins prononcèrent le nom de métastase, c'est-à-dire d'une répercussion du rhumatisme sur les méninges cérébrales. C'était hélas une complication mortelle. Jules Toulorge se rendit lui-même compte du danger; il fit demander de lui-même l'aumônier, remplit ses devoirs de bon chrétien et de vrai marin, lui fit ses recommandations dernières et lui dicta pour sa mère, une lettre remplie d'affection qu'il eut encore la force de signer, puis il demanda au prêtre de lui renvoyer les deux sœurs qui s'étaient éloignées pendant ce temps et quand elles furent auprès de lui. « Mettez-vous près de moi, ma chère sœur Céleste, le plus près possible, je vous prie, je me sens si faible, que c'est à peine si je vous aperçois, donnez-moi vos mains et laissez-les dans les miennes », et comme toutes deux sanglotaient, sœur Céleste surtout, éperdue, folle de chagrin : « Du courage, amie ! il m'en faut bien à moi, pour vous faire mes adieux, car c'est pour la dernière fois que je vous parle !....

— Oh ! ne me dites pas cela, monsieur Toulorge, c'est impossible !...

— Tout me l'annonce, chère sœur ! je sens la mort venir et je vous remercie d'adoucir comme vous le faites mes derniers moments ! Quand je cesserais de presser votre main, c'est que ce sera fini. Laissez-la moi donc jusque-là ; ne craignez point d'être blâmée, je l'avais demandé à M. l'aumônier et il l'a permis ! Les désirs d'un mourant ne sont-ils pas sacrés ? Écoutez donc, je vous en prie, mes vœux suprêmes !...

« J'étais trop heureux de vous aimer et de me sentir doucement aimé de vous. Oh ! cette affection était si pure, si chaste, que nous n'avons jamais eu à en rougir. Dieu qui connaît ses voies et qui a souvent de mystérieux desseins, s'est servi de vous pour me ramener vers lui ; nous l'en avons souvent remercié ensemble, et ce sera pour vous une grande consolation que d'avoir aidé à sauver mon âme.

« Mais dans ces derniers temps, ma tendresse pour vous était devenue plus terrestre et moins parfaite. J'avais, pauvre moi, formé le projet orgueilleux de vous enlever à Dieu, de faire de vous ma compagne, de vous consacrer ma vie entière. J'avais souvent la fièvre, comme aujourd'hui, et je faisais mille projets... chimériques... vous le voyez bien. Avant de mettre les pieds sur notre terre de France, je voulais, hanté par cette crainte d'être séparé de vous, de ne plus pouvoir vivre à vos côtés, je devais, dis-je vous dépeindre tout ce qui se passait en moi et solliciter de vous la promesse d'abandonner votre couvent pour vous conduire à l'autel ; c'était folie, et j'avais tort d'enlever au Christ une âme qui s'était fiancée à lui !... Il ne l'a point voulu et il m'en punit cruellement aujourd'hui. Je lui en demande pardon ; que son saint nom soit béni, et que les souffrances que j'endure aujourd'hui, que le chagrin d'une éternelle séparation et la tristesse de ma fin prématurée effacent auprès de lui le souvenir de ce désir, insensé !...

« Vous écrirez, je vous prie, à ma pauvre mère, et pour la consoler, vous lui direz que je meurs en chrétien, en bon chrétien, comme elle. Elle aussi vous aimait bien et eût été heureuse de vous appeler sa fille ! »

La pauvre sœur en écoutant cette confession, reflet de la sienne peut-être, cherchait, en vain, à retenir ses larmes silencieuses et comme elle, sa compagne prenant en pitié cette agonie qui n'était pas seulement celle du corps mais aussi du cœur le plus noble et le plus délicat, pleurait également au chevet du malade.

Il s'arrêta un moment épuisé, crucifié par les douleurs indicibles de la méningite. Ses pauvres yeux erraient, sanglants, convulsés vers le haut de l'orbite, larmoyants, sans regard : « Je ne vous vois plus, reprit-il, chère sœur, la nuit se fait autour de moi, mais je sens toujours votre main... pressez la mienne un peu plus fort, je vous prie... jamais vous ne l'avez gardée aussi longtemps... merci !... vous ne m'oublierez pas, n'est-ce pas, sœur aimée ! et vous prierez Dieu pour votre pauvre ami... ne pleurez point... quand on croit, il n'est point de séparation éternelle... nous nous reverrons là-haut... toujours... unis... au ciel... adieu !... » Un grand soupir et ce fut fini... l'épanchement et la congestion avaient fait leur œuvre !

Pauvre Toulorge !... Ses camarades du poste et les sœurs le veillèrent tour à tour. Quand ce fut le tour de sœur Céleste, elle s'agenouilla bien près du malheureux jeune homme, inclina sa tête près du chevet et se mit à sangloter ; après ce premier mouvement imposé par la faiblesse humaine, elle se releva, cessa de pleurer, fit sa prière et entoura les poignets de Jules avec son propre rosaire ; puis se pencha vers ce visage assombri par la mort et la souffrance et posa, sans hâte, lentement, ses lèvres sur le front du mort, devant ces officiers et ces élèves, n'ayant aucun souci du respect humain et comme pour affirmer devant tous qu'elle prenait possession de son ami en se fiançant avec lui pour l'éternité !

Aucun des assistants n'eut devant ce spectacle imposant le moindre geste de surprise, aucun sourire n'effleura leurs lèvres ; loin de s'abaisser en semblant céder aux passions humaines, cette sœur sanctifiée par la douleur et l'amour leur parut une véritable sainte.

Ce fut là de sa part un effort héroïque, suprême. A dater de ce moment-là, on ne la vit plus à bord, pas même à la cérémonie dernière. Toulorge, comme tous les officiers et les marins succombant en pleine mer, fut immergé ; son corps, recouvert d'une toile à voile et étendu sur une planche posée elle-même sur un obusier de 32 de la batterie, reçut la bénédiction de l'aumônier, entouré de l'équipage et des officiers, un boulet était dans le linceul attaché à ses pieds ; les prières dites, on souleva le canon et le corps glissa lentement dans cet océan qui est le tombeau commun de tant de marins !

A notre arrivée à Toulon, la sœur Céleste, plus soigneusement voilée encore que ses compagnes, débarqua, fut dirigée sur la maison mère et se perdit dans la communauté. Je ne l'ai plus jamais revue dans mes voyages et n'en ai plus entendu parler. Mais je suis sûr que si elle existe encore, elle a encore moins que moi, oublié cette figure mélancolique et tendre de notre ami Toulorge que je viens d'esquisser d'une main tremblante et d'un cœur douloureusement ému !

CHAPITRE X

LE VAISSEAU FANTÔME.

Au nombre des légendes qui se transmettent de génération en génération chez les marins et qui se racontent tout bas aux quarts de nuit quand on navigue sous les tropiques sous un ciel de velours bleu semé d'étoiles brillantes et mystérieuses, pendant que le gouvernail du navire trace dans l'onde azurée un sillon lumineux semé de millions d'autres étoiles phosphorescentes aussitôt évanouies qu'apparues, on peut citer la légende du Vaisseau Fantôme. Personne ne l'a vu et cependant chacun en parle et tous les marins y croient. Et quand on leur demande s'ils l'ont aperçu ?... Non, répondent-ils, mais un de mes camarades, le nommé « un tel » m'a affirmé l'avoir vu dans les mers du Sud, au canal de Mozambique ou du côté de Batavia, car il a le don d'ubiquité.

Il faut entendre un beau parleur en causer devant son crédule auditoire faisant cercle autour de lui pendant les quarts de nuit lorsque le navire glisse silencieusement comme un monstre marin dans le calme profond d'un horizon immense !

Ce Vaisseau Fantôme c'est tantôt un hollandais, tantôt un anglais mais toujours un voilier, jamais un steamer. La légende s'accommoderait mal d'un navire obligé de faire escale et toucher terre pour se ravitailler en charbon, tandis qu'un navire à voiles peut voguer indéfiniment en étendant sur l'eau ses ailes semblablement à une mouette ou à un goéland. Mais quelle que soit sa nationalité, le Vaisseau Fantôme est dans tous les cas un marcheur extraordinaire ; toujours chargé de toiles à couler bas, il se joue des tempêtes comme l'hirondelle se joue du vent et l'alcyon de la vague irritée. A peine l'a-t-on aperçu comme un point noir aux confins de l'horizon que quelques instants après, il est à vos côtés, fondant sur sa proie comme l'épervier sur l'alouette éperdue, ne se plaisant comme lui que dans le sang et le meurtre et mettant le feu aux pauvres navires afin d'attirer autour de lui de nouvelles victimes. Et ce ne sont pas seulement les récits en prose se transmettant dans les gaillards d'avant qui perpétuent la tradition, mais une foule de romances ou de ballades de la mer entretiennent ces croyances fantastiques, par exemple celle du Capitaine noir :

> Voyez à l'horizon
> Filer comme un fantôme,
> Ce brick sans pavillon,
> Avec sa longue baume.
> Veille bien au bossoir,
> Car la nuit sera sombre
> Et l'on a vu dans l'ombre,
> Le capitaine noir !
> Largue la toile
> Faisons force de voile
> Car il marche l'enfer,
> C'est le roi de la mer !

Tout cela a fini par frapper l'imagination de pauvres gens vivant le plus souvent en dehors du monde habituel, entre le ciel et l'eau, ne recevant du dehors aucun journal, aucune nouvelle qui les distraient et les arrachent à leurs méditations superstitieuses.

Les matelots, avec ce genre d'existence contemplative, en présence de cette force immense, brutale et si souvent indomptée, la mer, contre laquelle ils sont en lutte perpétuelle, savent que leurs jours sont sans cesse en danger et appellent à leur aide ce qui est plus fort que l'océan lui-même, Dieu et une image plus poétique et plus tangible, la Sainte Vierge si souvent invoquée par eux, au moment du danger. Ils ont en elle une foi native, instinctive et tous les sophismes des philosophes, les railleries du voltérianisme ancien aussi bien que la table rase du scepticisme moderne essayeront en vain de l'ébranler ou de la détruire. Le marin restera croyant quand même, n'ayant point le temps ni le loisir de s'instruire, il est par cela même superstitieux et plus une action, un fait lui paraissent incompréhensibles ou mystérieux et plus il sera entraîné à y croire et à les accepter comme étant la vérité. Voilà pourquoi la légende du grand serpent de mer enveloppant et submergeant un trois-mâts dans ses flancs, celle d'un encornet monstrueux l'enveloppant dans ses tentacules et celle du Vaisseau Fantôme venant de la nuit et des glaces du pôle, paraissent véridiques aux yeux des gens de mer amis à tout prix du surnaturel.

Plusieurs circonstances fort naturelles du reste ont contribué à fonder et propager ces idées mystérieuses sur des bases solides ; la majesté et l'immensité du théâtre sur lequel surgissent ces apparitions, les sourds grondements des tempêtes, les sifflements aigus du vent dans les cordages, l'obscurité profonde des nuits interrompue par les lueurs fulgurantes des éclairs constituent un cadre merveilleux pour ces natures simples disposées à accepter d'emblée et sans explication tout ce qui leur paraît surnaturel.

L'épisode de ma vie de marin que je vais raconter aidera à faire comprendre la facilité avec laquelle cette idée du vaisseau fantôme s'est incrustée dans l'esprit des matelots, car enfin, moi aussi, je puis dire que j'ai vu, de mes yeux vu, un vaisseau fantôme et voici dans quelles circonslances.

Je revenais de la Réunion sur un navire de commerce, le *Vasco-de-Gama*. A mon départ de Saint-Denis où il n'y avait pas de navire de guerre en partance, M. Hubert Delisle, le gouverneur, un des administrateurs les plus distingués que j'ai connus, en même temps qu'un homme du monde charmant (l'Empire savait choisir ses fonctionnaires), m'avait laissé, pour retourner en France, le choix entre deux trois-mâts de commerce, le *Vasco-de-Gama* et le *Salazie*. Le premier, vieux bateau aux flancs larges et rebondis, était un véritable sabot mais m'offrait cet avantage d'être seul passager à bord, tandis que le second, un clipper, comme on disait dans ce temps-là, plus fin, plus élancé, avait un avant effilé, tranchant comme un rasoir, et une marche supérieure, mais devait avoir comme passagers plusieurs familles élégantes de la Réunion et comme je devais, en arrivant à Rochefort, passer un concours pour le grade de chirurgien de deuxième classe, je réfléchis qu'avec tout ce monde féminin charmant, mais bruyant, aimant le plaisir à la folie, je n'aurais guère de moment à consacrer au travail, qu'il me faudrait causer, chanter, danser, jouer et sans hésiter, je choisis le *Vasco-de-Gama* où j'aurai tout mon temps pour étudier. Avec lui je devais, il est vrai, rentrer par Marseille, mais peu m'importait d'arriver un mois plus tard; nous étions à la fin d'avril et j'étais certain d'arriver avant le premier octobre, date habituelle du concours.

Je pris donc passage sur ce navire chargé presque à couler bas, de sucre, un des frets les plus lourds et les plus encombrants qui existent, ce qui contribuait encore à ralentir la marche de notre bateau ou plutôt de notre sabot. Son capitaine était un Malouin, excellent marin comme tous les capitaines de ce port de mer, mais un peu dur à la détente, c'est-à-dire un peu plus qu'économe, ce dont m'avait averti l'armateur de Saint-Denis, M. Dor, que je connaissais bien. Mais, me disais-je, trois mois seront bientôt passés et mon estomac qui aurait alors digéré du fer, s'accommodera bien des vivres du bord. Cependant, M. Dor, plein d'intérêt pour moi, envoya au dernier moment quelques provisions en légumes, fruits et volailles. Quant aux conserves et au reste des vivres, on en avait acheté une petite quantité en prévision d'un voyage de trois mois, imprévoyance coupable qui faillit nous faire mourir littéralement de faim.

Cependant nous quittâmes Saint-Denis et sans aucun incident de route tout en marchant lentement, et quoique favorisés par un bon vent de Nord-Est, nous arrivâmes au sud de Madagascar par le travers du canal de Mozambique ; nous n'étions donc pas très loin, du cap de Bonne Espérance, quand un matin, la vigie signala un navire au Nord-Nord-Est. C'était le premier que nous rencontrions et avec cet empressement naturel à des hommes privés depuis quinze jours de toute espèce de distraction, capitaine, second, maître d'équipage, passager et matelots nous nous précipitâmes sur la dunette et aux bastingages en nous passant à tour de rôle, les longues-vues du bord. Et comme il est d'usage les suppositions et les racontars allèrent leur train. Quelle était la nationalité de ce bateau?... Où allait-il?... De quoi était-il chargé?... Était-ce un navire de guerre ou de commerce?...

Nous pûmes bientôt résoudre cette dernière question, car suivant tout d'abord la même route que nous le matin, il en changea tout d'un coup la direction vers les dix heures et se mit à couvrir des bordées de long en large à une assez grande distance de nous au lieu de laisser arriver sur le *Vasco-de-Gama*.

Il n'était point besoin d'être très fin pour comprendre que pour perdre ainsi son temps, le navire en vue n'était point un navire de commerce, les armateurs n'ayant pas pour habitude de ne pas, quand c'est possible, marcher droit à leur but et sachant bien qu'en commerce, le temps c'est de l'argent! Ce n'était pas non plus un négrier revenant de la côte ouest de Madagascar chargé de marchandise humaine à débarquer à Mozambique ou sur un point quelconque de la côte africaine, un négrier a hâte de se débarrasser au plus tôt de sa cargaison d'esclaves. Ce devait être préférablement un navire de guerre, chargé de surveiller ce genre de navire, c'est-à-dire de réprimer sévèrement la traite et ce bâtiment devait être un navire de guerre anglais en raison du voisinage de la colonie anglaise du Natal. Dès lors peu nous importaient ses faits et gestes.

Nous nous arrêtâmes à cette supposition tranquillisante et nous continuâmes à voguer doucement et lentement comme c'était notre habitude Après notre déjeuner qui sentait déjà la disette mais pendant lequel le susdit navire fit tous les frais de la conversation, nous remontâmes sur le pont et plus que jamais nous passâmes, à l'aide de notre longue-vue, l'inspection du navire suspect. Nous l'apercevions bien mieux que le matin car il croisait de long en large derrière nous et malgré ses virages de bord, il s'était rapproché sensiblement de nous et nous distinguions sa mâture élevée, son avant élancé et ses voiles aux trois quarts repliées; c'était, en outre, un fin marcheur, car rien qu'avec ses huniers, il se maintenait à une distance telle de nous qu'avec la lunette nous ne pouvions rien distinguer de précis! toutes les demi-heures, il virait de bord avec une célérité et un ensemble admirables ; son capitaine devait être un excellent manouvrier. Voilà ce que nous nous disions ; mais l'absence de tout pavillon déployant ses couleurs au soleil nous intriguait beaucoup et un sentiment d'effroi commençait à nous gagner et déjà il nous paraissait semblable à ces gerfauts qui croisent dans les airs au-dessus d'un oisillon, allant et venant autour de lui, sans le perdre de vue, mais prêt au moment propice à replier ses ailes contre son corps et à tomber avec la rapidité de la foudre sur la pauvre bestiole paralysée par la frayeur.

Car, cela devenait inquiétant à la longue. Un navire de guerre ordinaire se serait, depuis qu'il nous avait aperçus le matin, couvert de toiles pour venir nous interroger, ou tout au moins pour savoir le nom de notre bateau ; après nous avoir examinés, s'être informé de notre cargaison, de notre destination et avoir vérifié nos papiers de bord, il se serait éloigné pour faire de nouvelles recherches, tandis que notre surveillant, lui, ne s'éloignait pas, se maintenait toujours à la même distance de nous, sans doute pour ne pas se laisser voir de trop près et pour qu'on ne puisse pas connaître son nom. Donc, il se cachait, attendant les ombres de la nuit pour accomplir ses mystérieux desseins. Tout, du reste, dans ses allures, son orientation, sa marche ralentie laissait supposer de ténébreuses intentions. Les voleurs de la mer, c'est-à-dire les pirates, aussi bien que les coupeurs de bourse et les assassins des grands chemins attendent aussi le silence et les ténèbres profondes pour exercer leurs brigandages et insensiblement, notre inquiétude atteignait le diapason le plus élevé. Et cela, d'autant plus que pendant notre dîner encore plus écourté qu'à l'habitude (ce n'était point la multiplicité des plats qui en prolongeait la durée), le capitaine Dupont avait fait une réflexion que je trouvais mauvaise; nous étions, avait-il dit, sur le passage, sur la route ordinaire suivie par les bâtiments hollandais revenant de Batavia, de Java ou de Timor avec de riches cargaisons ; or, il citait maint exemple de navires marchands attaqués par des pirates, véritables écumeurs de mer les guettant au sortir des Indes Néerlandaises ou du canal de Mozambique. Peut-être notre inconnu nous prenait-il pour un de ces bateaux richement chargés et attendait-il la nuit pour nous aborder, nous piller et enfin nous couler.

A l'entrée de la nuit et en la voyant arriver vite, ainsi que cela arrive sous les tropiques, notre appréhension devint plus forte et notre crainte plus vive encore lorsque nous vîmes le soir, ce navire cesser de louvoyer pour mettre franchement le cap sur nous! Plus de doute, c'est à notre pauvre *Vasco-de-Gama* qu'il croyait chargé d'une riche cargaison d'épices et de poudre d'or qu'il en voulait!

Quand notre inconnu eut pris cette allure, le capitaine fronçant les sourcils, le front barré par un pli perpendiculaire de plus en plus accentué depuis le matin, le visage pâle et l'air hagard s'affala précipitamment dans le carré où il convoqua tout son équipage. « La vue de ce navire et ses manœuvres singulières, ne me disent, les enfants, rien de bon et je suis sûr que dans une heure ou deux, il va nous attaquer..! Êtes-vous d'avis, mes amis, de nous laisser croquer et couler bas sans nous mettre en travers ?..... Nous avons à bord des fusils, de la poudre et des balles !.... Croyez-moi, vendons du moins, notre peau le plus cher possible. Des marins français, des malouins ne doivent pas, ne peuvent pas se laisser dévorer comme ça sans résistance; chargeons donc notre mousqueterie et si on nous attaque, vendons du moins chèrement notre existance !

A ce petit discours du général en chef, tout le monde jusqu'au mousse, emflammé d'un zèle belliqueux s'écria : « oui, capitaine, défendons-nous avec courage !... » et chacun s'empressa d'aller charger et bourrer solidement une douzaine de vieux fusils à pierre, transformés à piston. Une seule personne de l'équipage, un homme qui cependant avait vu le feu et le voyait même tous les jours, le maître coq, un Mocco pur sang des environs de Toulon, refusa nettement de s'armer, même avec l'arme qu'il maniait à chaque nouvelle aurore, sa broche. « Pardon, excuse, mon capitaine, se mit-il à dire, si je me suis embarqué avec vous, c'est pour faire la cuisine mais non pas pour me battre avec des individus que je ne connais pas, que je n'ai jamais vus et qui ne m'ont jamais fait de mal, et en attendant les événements, je vais me reposer tranquillement. Si ces pirates, que vous disez, prennent le *Vasco-de-Gama* à l'abordage, eh bien, ils auront toujours besoin d'un cuisinier... — Dites plutôt d'un gâte-sauce, répondit un de nous! — Donnez-moi voir, répliqua-t-il, une poularde et des truffes et vous verrez si vous ne vous en lécherez pas les quatre doigts et le pouce! — et je me rappelle qu'en s'en allant, il grommelait entre les dents un vieux proverbe provençal disant que cela revenait toujours au même d'être mordu par un loup ou par une chienne!

Je pensais différemment que ce cuisinier philosophe doublé d'un peureux et serrant énergiquement la main du capitaine Dupont, je l'assurai que partageant absolument sa manière de voir, il pouvait compter sur la plus énergique résistance de ma part.

Justement, je rapportais de Madagascar un arc et des flèches qu'on m'avait certifiées être empoisonnées et sept sagayes de Hovas, bien trempées, solides et faciles à manier. Il ne fallait point songer à se servir de l'arc et des flèches, armes de parade inoffensives qui nous auraient donné un faux air de l'Amour, bien que son carquois nous fît faute ; c'eut été ridicule, mais je me saisis, moi aussi, d'un fusil bien chargé et d'une sagaye que je gardai près de moi en cas d'abordage. Je distribuai les six autres lances aux matelots les plus lestes en leur expliquant bien qu'après avoir déchargé leurs armes à feu, ils auraient à accueillir à coup de lances les premiers de nos adversaires qui s'accrochant à nos haubans chercheraient à sauter sur notre pont. Pour compléter la défense et être exposé à moins recevoir les coups de l'ennemi, on alla chercher les six sacs de pommes de terre qui nous restaient et en les voyant alignés formant un rempart naturel derrière lequel s'abritaient nos hommes, le capitaine ne put s'empêcher de s'écrier dans un beau mouvement d'avaricieux repentant : « Ah ! si j'avais su, j'en aurais bien pris le double !...

— Il n'est plus temps de le regretter, lui dis-je, mais vous pouvez y remédier en faisant monter de la cale quelques sacs de sucre, ce qu'il ordonna immédiatement de faire.

Ces sacs de sucre constituèrent un excellent abri, car construits solidement avec les larges feuilles d'un palmier qu'on appelle le vacona, ils étaient impénétrables aux balles comme les gabions et les sacs de terre dont on se sert pour défendre les places assiégées.

Quand le capitaine passa son inspection et trouva chacun à son poste de combat, il nous félicita, nous dit quelques paroles réconfortantes en exprimant l'espoir que notre attitude décidée empêcherait peut-être notre ennemi de nous attaquer, puis me prenant à part, il me fit descendre dans sa cabine :

« — Mon cher docteur, me dit-il, je rapporte de la Réunion, une certaine somme d'argent destinée à mes armateurs, trente et quelques mille francs dont je leur dois compte. Si je succombe dans cette aventure où je dois lutter au premier rang et si le *Vaso-de-Gama* ne sombre pas tout à l'heure, rappelez-vous bien la cachette où je dépose cet argent et remettez-le au premier commissaire de l'inscription maritime que vous trouverez.

— Vos instructions seront remplies, mon cher capitaine, lui répondis-je.

— Mais vous, n'avez-vous point quelques économies faites pendant vos quatre années de campagne?

— Si fait bien, mon capitaine, j'ai là dans ma malle, trente-cinq francs que je vous prie de serrer dans votre cachette ! »

Ah ! tous ceux qui vont aux Indes ne ramassent pas des trésors ! Loin de là ! J'en étais la preuve vivante, mais était-ce bien étonnant ? Pour me munir de vêtements, chaussures, livres à mon départ de France, j'avais dû contracter des dettes et je faisais sur ma solde mensuelle, une délégation à mes fournisseurs ainsi qu'à mon vieux père et, régulièrement, de ma solde touchée le premier de chaque mois, il ne me restait pas un centime le 15 et je vivais le reste du temps sur le crédit qu'on me faisait. Aussi, suis-je encore à me demander par quel miracle, je me trouvais à mon départ, possesseur de cette somme colossale de trente-cinq francs. A coup sûr, les sept piastres, qui la composaient, devaient être fort surprises de se trouver en si grand nombre dans ma bourse et si elles avaient pu parler, elles auraient manifesté leur étonnement d'être restées si longtemps ensemble dans leur nouveau domicile !

Quelque temps avant mon retour en France où j'avais laissé la meilleure part de mon cœur et mes espérances d'avenir, je reçus une lettre de ma future belle-mère qui, s'imaginant sans doute qu'il suffisait à un jeune chirurgien de troisième classe d'aller aux Indes Orientales pour faire fortune, s'exprimait ainsi :

« Plusieurs personnes m'ayant affirmé qu'aux Indes Orientales, on trouvait facilement des cachemirs authentiques et très beaux dans les prix de douze à quinze cents francs, je crois que vous feriez bien, en revenant à Rochefort, d'en rapporter un à ma fille, cela vous éviterait la peine de lui en acheter un chez Biétry, qui n'aurait pas le même cachet et la même garantie d'authenticité. »

On pense si cette lecture me dilata la rate !... Cette chère belle-mère future !... elle ne doutait de rien ; être, avant la lettre, avant le sacrement, l'objet d'une aussi tendre sollicitude devait me réjouir beaucoup et j'étais superlativement flatté de la bonne opinion qu'elle avait de mes ressources financières, mais comme ce n'était pas avec trente-cinq francs à mon actif que je pouvais m'octroyer ce luxueux cachemire, je lui répondis par une gasconnade... que je n'avais trouvé dans aucun magasin de la Réunion, un tissu digne d'être présenté à ma fiancée, à des prix abordables pour ma bourse modeste et que j'arriverai à Rochefort sans cet ornement fastueux dont l'entrée en douane à Marseille était d'ailleurs d'un prix exhorbitant, trop heureux de ne pas avoir laissé mes os à Madagascar !...

Mes trente-cinq francs étant donc bien et dûment cachés, je remontai sur le pont ; mais pendant ces pourparlers, la nuit était venue, seulement Phœbé, l'insensible Phœbé s'était levée à l'horizon prête à éclairer de sa lumière odieuse, la scène barbare et tragique qui allait se dérouler dans quelques instants. En réalité c'était un tableau aussi saisissant que dramatique dans ce cadre immense. La lune au front des cieux, jetant une teinte d'un bleu pâle sur un océan sans fin dont les lames se succédaient, gravissant les unes sur les autres avec un bruit sourd.... ces deux navires se suivant de près, dont l'un lourd et difforme, chargé de toiles à couler bas, et dont l'autre svelte, aérien, un sylphe semblait jouer avec nous comme un chat avec une souris avant de la croquer à belles dents ! Depuis la nuit, en effet, notre inconnu s'était rapproché de nous et le moment advint bientôt où modérant encore sa marche, il se tint constamment et très près derrière nous. Et ce qui augmentait encore plus notre frayeur, c'est que de ce vaisseau fantôme ne s'élevait aucune voix, aucun bruit ; il manœuvrait en apparence, tout seul, sans équipage visible et enfin, silencieusement, comme dans la légende. On n'apercevait aucun matelot sur le pont, mais seul, un homme de haute taille, vêtu de blanc des pieds à la tête, se promenant automatiquement, d'un pas saccadé sur la dunette.

Comme lumière, il n'y en avait qu'une à bord, celle qui éclairait le compas. Personne à la barre, le gouvernail devait être au-dessous de la dunette, et pas un coup de sifflet, pas un cri, pas une parole, pas un bruit ! rien ! C'était à se demander s'il y avait un équipage. Chacun de nous frémissait et s'abritait derrière les bastingages et notre rempart improvisé de sacs de sucre et de pommes de terre. Cette situation ne pouvait cependant éternellement durer et le capitaine Dupont, qui était de haute taille, comprenant que l'incertitude en face du danger est mille fois plus cruelle que le danger lui-même, se dressa de toute sa taille à l'arrière et demanda, en français, au promeneur en habit blanc : « Qui êtes-vous ?... Que nous voulez-vous ?... Pourquoi nous suivez-vous depuis ce matin ?... »

A ces mots prononcés d'une voix forte, personne ne répondit et le capitaine du navire fantôme n'en continua pas moins sa promenade paisible sans faire le moindre geste, sans répondre, ni paraître avoir entendu ! C'était déconcertant !... comme tous les fantômes était-il sourd en même temps que muet ?...

J'étais debout, moi aussi, à côté du capitaine et observateur attentif, je vis bien que rien, ni personne ne bougeait à bord. Je dis tout bas au capitaine Dupont : « Peut-être ne comprend-il pas le français ? Voulez-vous que je lui fasse les mêmes questions en anglais ? — Volontiers, me répondit-il ! et baragouinant un peu cette langue, je lui adressai à mon tour les mêmes questions... Mais ce fut peine inutile et le résultat fut le même, absolument négatif. En parlant espagnol, même insuccès, même silence inquiétant. Certains désormais que nous n'obtiendrions rien en insistant davantage, nous nous résignâmes au seul parti à adopter en pareille conjecture ; nous nous étendîmes sur le pont, nos fusils, nos sabres et nos sagayes à la portée de la main, ouvrant l'œil et suivant du regard notre persécuteur, nous attendant à chaque instant à le voir élonger notre bord ou nous couler en enfonçant notre arrière. Le péril écarta de nous tout sommeil jusqu'à l'aube naissante. Ce fut alors seulement que notre vaisseau fantôme remonta vers le nord et disparut bientôt à l'horizon, nous laissant épuisés par la longue attente et l'anxiété qui avaient été nos compagnes pendant toute cette nuit d'angoisse où nous nous imaginions à chaque instant être arrivés à notre dernière heure.

Le capitaine Dupont, à notre arrivée tardive à Marseille, ne manqua pas de signaler cette apparition étrange au commissariat de la marine en racontant le côté mystérieux de cet épisode : (changement de route, attente de la nuit pour nous inspecter, mutisme du capitaine interrogé, dissimulation de l'équipage, etc.) mais jamais on n'a pu éclaircir cette question. En sorte que nos marins du *Vasco* ont cru et croient encore peut-être aujourd'hui, avoir vu le vaisseau fantôme ; seulement son capitaine avait changé, il était blanc au lieu d'être noir et il nous avait fait grâce de la vie, au lieu de nous couler impitoyablement en nous ensevelissant dans les flots, après s'être emparé de nos trésors en général et de mes 35 francs d'économies réalisées après quatre ans et demi de campagne. Mais j'y songe, les fantômes doivent avoir double vue, c'est peut-être la modicité de mes ressources qui l'a décidé à nous épargner. La pauvreté est quelquefois un bonheur. Voilà un axiome consolateur que chacun devrait mettre dans sa giberne pour l'en retirer et le citer quand la mauvaise chance nous poursuit.

Le lendemain de cette nuit douloureuse, nous étions tous hâves et défaits, tandis que notre maître coq se leva frais et dispos du hamac où il avait ronflé et dormi toute la nuit à son aise. Et quand le capitaine entreprit de l'admonester un tantinet en lui reprochant paternellement sa couardise, il répliqua sans se troubler, car le Mocco (1) garde toujours le dernier mot : « Té !... Eh !.. ze le savais bien que c'était une couyonnade que ce vaisseau fantôme ! Cé un farceur et pas autre çoze, mais, moi, ze ne donne pas dans ces godan-là. Dites l'y qu'y vinguent, dites l'y qu'y vinguent !

L'illustre navigateur Portugais, Vasco de Gama qui le premier après les Phéniciens doubla le cap de Bonne-Espérance appelé jadis le cap des Tempêtes et donna son nom au bateau du capitaine Dupont ne favorisa guère du haut du ciel, notre traversée, car soit en raison de son chargement de sucre trop lourd, soit à cause des vents contraires, elle fut d'une longueur interminable.

Or, le capitaine, type achevé des gens économes, se flattant de faire une traversée rapide (il aurait dû cependant connaître son navire, un véritable sabot !), n'avait fait au départ de Saint-Denis, n'ayant que moi pour passager, que de minces provisions ; quelques volailles, deux oies, une vingtaine de boîtes de conserves, des haricots secs en masse par exemple, du mauvais vin de cam-

---

(1) Nom du méridional en patois languedocien.

buse, et c'était tout pour une traversée de trois mois au moins et qui devait en durer quatre et demi. L'économie du capitaine s'était même étendue, le croirait-on, jusqu'à l'eau douce prise à Saint-Denis; pour s'épargner des frais d'aiguade, il n'en avait rempli que quelques barriques, comptant sur l'eau du ciel qu'il n'aurait pas à payer et chaque fois que ses cataractes nous en versaient, il organisait avec de la toile à voiles un système de pluviomètre de façon à recueillir toute la pluie tombant sur la dunette et à en remplir quelques barriques. Cette eau avait bien un peu le gout de goudron, mais le capitaine prétendait qu'elle était excellente pour la santé !

Au bout du troisième mois, nous n'avions plus de farine pour faire du pain, il fallut nous contenter de biscuit dont la fabrication sans remonter à une antiquité reculée, datait cependant de deux ans au moins et ce fut un triste jour que celui où il fallut le briser sous ses dents et le partager avec les vers qui y avaient établi leur demeure. En approchant du détroit de Gibraltar, il ne nous restait plus que des haricots, du café, du sucre, de la graisse et c'était tout ! nous avions ménagé nos volailles plus que la prunelle de nos yeux, de manière à en faire figurer une sur notre table, les jours fériés, c'est-à-dire le dimanche et le jeudi ; mais en entrant dans la Méditerranée, il nous restait plus qu'une poule et un canard ; encore ce dernier avait-il eu une avarie à l'une de ses pattes et il était fortement boiteux.

N'ayant plus de légumes, plus de pain et par conséquent plus de quoi nourrir ces deux volatiles, notre capitaine qui aurait tondu sur un œuf et trouvé sur le radeau de la Méduse de quoi nourrir cent affamés, imagina de satisfaire leur appétit avec des cancrelats, la blatte ailée des pays chauds.

Il mettait, le soir, du sucre dont ces insectes sont très friands dans une sorte de grand entonnoir en fer blanc et les cancrelats aussi affamés que nous, n'ayant à bord aucune provision à dévorer s'y donnaient rendez-vous la nuit et y restaient prisonniers. Le lendemain matin, le capitaine plein de sollicitude pour la poule et le canard, les appelait pour les convier à ce festin de Balthasar et il fallait les voir accourir à sa voix, se précipitant sur les cancrelats en les ingurgitant un à un jusqu'au dernier. La poule est omnivore plus qu'on ne croit, elle dévore tout ce qui grouille, tout ce qui est vivant, tout ce qui remue et n'est pas moins friande des végétaux. Aussi bien l'absence de toute distraction à bord, nous faisait-elle trouver plaisir chaque matin à la distribution de cette manne mal odorante à nos pensionnaires. Je me demandais bien si ce genre de nourriture ne communiquerait pas à leur chair l'odeur caractéristique si désagréable du cancrelat, mais bah, nous étions si affamés à bord du *Vasco* que nous aurions digéré du fer si nous avions pu le réduire en poudre.

Je ne sais du reste si ce genre de nourriture jouissait de propriétés génésiques particulières très actives, mais voici ce que j'ai observé sur ces deux volatiles de sexe différent, il est vrai, mais d'espèce dissemblable, l'un étant un gallinacé et l'autre un palmipède. On les avait à bord laissés errant sur le pont en toute liberté, mais voici que le col vert se mit à poursuivre de ses recherches amoureuses, madame la poule. De son côté et pour se conformer aux règles de la bienséance, en usage chez le sexe faible, madame cherchait à se dérober à ses transports et c'était chose curieuse de voir ce coin-coin trottinant et boîtant bas, fournir un raid d'un genre nouveau pour gagner de vitesse la poule pudibonde.

Le fortuné boiteux jouissait de son reste, car il avait été décidé en conseil secret entre le capitaine le second et moi que nous l'immolerions le jour bienheureux où nous passerions le détroit de Gibraltar. Il devait avoir le cou coupé sous le couteau du maître coq, qui depuis longtemps n'avait eu à remplir ses fonctions de grand sacrificateur et l'occasion d'exercer ses talents culinaires, à tel point qu'il ne se gênait pas pour nous dire parfois ; « vraiment c'est ennuyeux d'être à bord du *Vasco-de-Gama*, on s'y gâte la main et on y oublie son métier. »

Ce qui ne l'empêchait pas chaque matin d'entrer en conciliabule avec le capitaine et de consacrer plus d'une demi-heure à cette séance de parlottage dont nos maigres repas ne devaient pas à coup sûr être l'unique objet, car aucun plat nouveau, aucune sauce appétissante, aucune pâtisserie délectable n'apparaissaient le matin ni le soir sur notre table dépourvue de tout.

Après ce festin somptueux de Gibraltar, nous retombâmes dans notre détresse habituelle, mais le capitaine nous affirmait qu'avec un peu de chance, nous pouvions être à Marseille dans huit jours et je me pris à espérer qu'il en serait ainsi. Une particularité de ce détroit me confirmait dans cette pensée. C'est qu'en tout temps il existe un courant favorable de l'ouest à l'est pour y pénétrer ; l'Océan atlantique roule constamment ses flots à la surface de la mer tandis que sans doute un courant sous-marin ramène en sens contraire les eaux méditerranéennes, de telle sorte que notre *Vasco-de-Gama* fut poussé dès le premier jour à trente lieues du détroit et cette navigation le long de la côte d'Espagne était enchanteresse ; nous voyions les villes blanches, les vieilles tours des Maures, des édifices somptueux, les campagnes avec leurs moissons dorées, se dérouler tour à tour à nos regards ravis ; la brise du soir nous apportait les senteurs odorantes de la terre, celles du foin coupé et les parfums des fleurs d'oranger mêlés à ceux des jasmins. Cette vue constante de la terre jusqu'au cap Sainte-Marie ranimait mon courage et me faisait oublier les affres d'un estomac criant famine. Sans doute, me disais-je, ce n'est pas tout à fait la patrie, mais l'Espagne touche la France, et la terre natale n'est pas loin ! Bientôt je foulerai le sol de la patrie ! Il faut avoir subi des épreuves semblables pour comprendre les alternatives cruelles de tristesses, de désolations et d'espérances par lesquelles nous passâmes

Nous avions franchi le détroit le premier août, dès le lendemain au soir, le calme nous surprit et nos voiles alanguies tombaient inertes le long des mâts ; pas la moindre brise ne les gonflait et nous mourions de faim à une petite distance d'une terre couverte de moissons, en vue de riches cités où les ressources, vins et fruits s'offraient en abondance aux habitants ! C'était, en vérité, le supplice de Tantale renouvelé à chaque instant.

Le troisième ou le quatrième jour en montrant au capitaine ce riche panorama, je ne pus m'empêcher de l'interpeller un peu vivement, mais ma patience était à bout !

« Voici longtemps lui dis-je que je me tais en souffrant intérieurement de notre manque de provisions ? Je dois vous faire observer que passager de l'État, j'ai droit à autre chose qu'à la ration du matelot. Votre devoir est de me conduire à Marseille en me nourrissant convenablement et en échange vous recevrez 1.500 francs ; or, depuis un mois vous me faites à petit feu mourir de faim et de soif.

Si encore vous me donniez la ration réglementaire du matelot — mais il n'en est rien — vous n'avez plus de farine, et à la place de pain, vous me donnez du mauvais biscuit, votre lard va finir rempli de vers, plus de vin de cambuse, je ne vis que de café, que de sucre et de haricots. Je vous somme par conséquent de relâcher, un jour, sur un point quelconque des rivages d'Andalousie que nous côtoyons et d'y faire quelques provisions ! Sans cela je ferais au commissaire général de la marine contre vous, un rapport sur la manière dont vous m'avez traité et vous pouvez être certain que le chiffre de mon passage fixé à 1.500 fr. sera largement diminué ! »

Mais songez, docteur, me répondit-il, que j'ai

l'ordre de mon armateur de ne toucher à aucun port à moins d'avaries ou de forces majeures !

— Eh ! monsieur, n'est-pas un cas de force majeure que risquer de mourir de faim ? Songez d'ailleurs qu'avec mon certificat de carence complète de vivres, cette relâche obligatoire sera absolument justifiée.

— Sans doute, mais je serais fortement blâmé par mon armateur de qui je dépends surtout et qui me reprochera cette perte de temps...

— D'un jour au plus car il ne nous faudra pas davantage pour faire quelques provisions en viande, vin et farine ; en un mot le strict nécessaire pour vivre. Je souhaiterais que votre armateur fût condamné, surtout s'il est édenté, à se briser les molaires sur votre biscuit vermoulu et nous le verrions bientôt diriger, à bâbord. C'est-à-dire sur la côte d'Espagne, les amures du navire.

— Le capitaine hésita un moment, mais l'idée qu'il lui faudrait après avoir payé les droits d'ancrage et de pilotage dépenser une centaine de francs pour l'achat des provisions arrêta net ce bon mouvement et cherchant à gagner du temps, il ajouta : « patientez encore deux jours, docteur me répondit-il et si dans deux jours il ne survient pas de vent favorable, eh bien, nous irons mouiller à Barcelone où il y a un consul français qui pourra attester notre dénuement et me justifier auprès de mes armateurs. »

Soit, repliquai-je, mais si le calme nous surprend à nouveau, je vous jure, moi que je porterai au commissaire général, une plainte formelle et motivée contre vous. A présent, puisque vous êtes maître à votre bord, après Dieu, à vous de réfléchir et décider ce que vous avez à faire !..

Sa bonne étoile voulut que le lendemain soir une brise légère soufflât de terre et gonflât nos voiles, pendant un moment de calme, j'avais dans une trompeuse espérance tendu des lignes tout le long du bord dans la pensée d'attraper quelque poisson, du thon ou des bonites, mais pas le moindre frétin ne se présenta pour happer le morceau de biscuit empoisonné que j'avais mis à mes hameçons faute d'un appât meilleur.

Cependant, nous dirigeant vers Marseille, nous nous étions éloignés de la côte et nous continuâmes nos ombres de repas; mais si je ne mangeais rien, ou presque rien, en revanche l'impatience me dévorait. Je n'avais pas revu ma famille depuis quatre ans et l'époque de mes examens s'approchait. Pendant les premiers mois de la traversée, je travaillais sans cesse, à présent, amaigri, exténué par ce long jeune, brûlé par ce soleil ardent du mois d'août, ne pouvant pas toujours boire à ma soif de l'eau potable, je n'avais pas le courage de rouvrir mes livres et mes notes. Pour comble de contrariété, ayant eu deux chapeaux de paille emportés en mer par le vent et bien que me promenant sur la dunette le matin et le soir seulement, j'étais devenu noir comme un mulâtre et notre voyage s'éternisait, nous devions mettre vingt et un jours pour franchir la Méditerranée. Sans un orage violent qui se termina par une pluie torrentielle qui nous permit de recueillir deux barriques d'eau, nous périssions de soif. Bref, le *Vasco-de-Gama* était en train de devenir d'une seconde édition du sinistre radeau de la Méduse.

Le capitaine voyant mon état physique et moral d'affaissement cherchait, cela ne lui coûtait rien, à me nourrir d'espérance. « A cette saison, me disait-il, il arrive fréquemment que des cailles émigrant en Afrique partent des rivages de la Provence pour traverser la Méditerranée et surchargées de graisse, fatiguées par la longueur du voyage, elles se reposent souvent, épuisées, sur les bâtiments qui sillonnent la mer ; elles sont alors incapables de reprendre leur vol et on les prend avec la main. »

Un peu plus, il m'assurait qu'elles arriveraient toutes rôties à bord du *Vasco* pour nous procurer un délicieux rôti. Mais hélas, j'eus beau passer, le matin, l'inspection du navire, je n'eus jamais l'heur de trouver sur le pont, un de ces oiseaux faits, nous dit Toussenel, dans son *Monde des Oiseaux*, pour le bonheur de l'homme en général et du chasseur en particulier !

Un matin cependant un matelot arriva vers moi, tout joyeux de m'annoncer qu'un très joli oiseau était posé sur la vergue du grand cacatois ; ne pouvant croire à tant de bonheur, j'accourus et vis en effet une huppe qui dans sa traversée vers l'Algérie s'était fatiguée et posée là. Me précipiter dans la chambre, prendre mon fusil, le charger précipitamment et remonter le cœur battant violemment de l'espoir que je l'abattrai et que nous aurions du moins pour déjeuner un plat plus délectable que les haricots éternels, remonter sur le pont, m'approcher silencieusement de la bête, ce fut l'affaire d'un instant ; mais au moment précis où j'épaulais mon arme. cette huppe objet de mes ardentes convoitises s'envola et avec elle, l'espoir d'un bon déjeuner. C'était l'éternel guignon !

Le capitaine m'avait encore assuré que les pilotes de Marseille venaient au loin en mer au-devant des navires au long cours et pressentant combien leurs passagers étaient désireux de déguster des vivres frais, des poissons et des fruits nous en apporteraient sûrement. Or le mois d'août est riche en melons, en pastèques, abricots, raisins, prunes, pêches et poires et quand le vingt-trois août après plus de vingt jours écoulés depuis notre passage à Gibraltar, nous aperçûmes la chaloupe d'un pilote s'orienter vers nous, je me précipitai haletant, mourant de faim et de soif à la coupée pour de là, interpeller son maître : Ohé, de la chaloupe, avez-vous des vivres à bord, des raisins, des pêches, des figues enfin quelque chose à mettre sous la dent ?

« Eh ! Seigneur, Diou bibant ! me répondit-il ! Dieu nous en garde... des raisins, des pêches, des figues ? Le choléra, il est à Marseille, on y meurt comme des mouches !...

Il était écrit là-haut que jusqu'au dernier moment, la guigne poursuivrait le pauvre *Vasco-de-Gama* et moi qui aurais été si heureux de happer une grappe de raisins, une poire, une pêche perdues de vue depuis quatre ans ! Si encore le pilote avait eu à défaut de fruits, un poisson, une simple salade n'importe quoi, mais rien !...

rien !... à mettre sous la dent ? n'était-ce pas une fatalité? et je m'affalais en bas sur le canapé, levant mes bras au ciel, en l'accusant d'injustice et de rigueur ! Témoin de mon désespoir, le capitaine vint encore une fois me trouver après avoir confié la manœuvre au pilote. « Consolez vous. mon pauvre Docteur. me dit-il, dans quelques heures le *Vasco* mouillera dans le port de Marseille; nous descendrons à terre et rien, ne troublera votre bonheur !

— Capitaine, je vous prie, laissez-moi seul pour maudire à mon aise le jour où j'ai mis le pied sur votre bateau pour y souffrir. Inutile de me faire de vaines promesses qui ne se sont jamais réalisées ; jusqu'au dernier jour, vous m'aurez trompé !

— Mais je ne vous trompe pas aujourd'hui en vous affirmant que nous serons au mouillage à 4 heures ce soir et je vous invite avec le second à dîner ce soir à l'hôtel de Noailles, vous-même dresserez le menu et c'est moi qui régale !

Il avait pensé l'habile homme qu'en m'offrant un bon repas ce jour-là qui était un dimanche je ne penserais pas le lendemain, en faisant ma visite obligatoire au commissaire de la marine, à porter plainte contre lui et sa sordide économie et j'eus la faiblesse d'accepter.

Quelques heures après en effet, je m'apprêtais à débarquer de ce sabot maudit. Déjà, j'avais confié ma malle qui ne contenait point les trésors de l'Orient, à un jeune garçon monté le premier à bord du *Vasco*, mais bientôt survint un portefaix médaillé, bâti en hercule qui lui contesta le droit de l'emporter n'étant pas de leur noble corporation et comme le jeune garçon protestait avec force contre ses prétentions, il lui montra en lui administrant, malgré nos objections, une forte raclée, qu'à Marseille surtout, la raison du plus fort est toujours la meilleure ! Il me conduisit ensuite à l'hôtel de Noailles où ces messieurs vinrent me rejoindre à 7 heures.

Le Pilote avait dit vrai ; le soir même et tout le lendemain, j'assistai au spectacle lugubre d'enterrements incessants parcourant les rues de tous côtés; seulement à Marseille leur aspect est encore plus attristant qu'ailleurs parce que presque tous les habitants sont affiliés à des confréries de pénitents noirs, gris ou blancs et qu'ils se font un devoir d'assister aux obsèques de leurs affiliés encapuchonnés dans de longs vêtements ne laissant voir aucune partie du visage à l'exception des yeux ; aussi ces cérémonies avaient-elles l'aspect le plus funèbre. Ils s'en allaient du reste, lentement en psalmodiant des psaumes lamentables, ce qui ajoutait à la tristesse de ces cérémonies ; d'autre part, les plaintes et les cris de douleur exhalés par cette population essentiellement démonstrative justifiaient bien la phrase avec laquelle le pilote avait salué notre arrivée « à Marseille, Monsieur, on meurt à présent comme des mouches ! »

Néanmoins, je l'avoue, ce spectacle des trépassés ne m'effrayait guère et tout entier au besoin de satisfaire mon estomac affamé, je ne pensais qu'à une chose, *bien dîner* et apaiser mon tantalesque appétit.

Le capitaine et le second furent exacts au rendez-vous et quand nous descendîmes dans la salle à manger de l'hôtel, de nombreux assistants se pressaient déjà autour des tables. Le capitaine me présenta la carte que je parcourais avidement, y cherchant tout d'abord des légumes frais et des fruits.

— Comment, Monsieur, dis-je au maître d'hôtel, vous n'avez dans cette saison d'été ni melon, ni concombre, ni raisin, ni pêche ? Vous n'avez même pas de la glace pour rafraîchir vos convives !...

— Eh ! monsieur, y pensez-vous ? me répondit-il ! Vous ne savez donc pas que le choléra est à Marseille et qu'on y meurt comme des mouches. (C'était décidément la phrase stéréotypée). On voit bien que vous venez de loin !...

— Et que nous avons grand faim. C'est la vérité... Eh bien ! vous allez nous servir tout cela, commencez par un cantalou et vous verrez si nous avons peur du choléra, et, après, vous nous servirez un plat de poisson, un rôti de bœuf, des ceps à l'huile, une salade et vous finirez par nous donner tous les fruits que vous pourrez vous procurer ! vous entendez bien !... tous les fruits possibles ! En entendant l'ordre de ce menu commandé à haute et intelligible voix, tous les honnêtes, mais peu braves marseillais qui étaient nos voisins levèrent la tête en nous regardant d'un air effaré, comme des mortels extraordinaires et se mirent à chuchoter entre eux ; l'un d'eux pris sans doute de commisération pour le funeste destin qui nous attendait, quitta même la table et vint nous faire quelques observations sur les dangers auxquels nous nous exposions et termina sa harangue en nous disant ces paroles prophétiques « Songez messieurs qu'après un pareil repas vous vous exposez à ne pas être en vie demain matin, car on meurt comme des mouches à Marseille.

Eh bien ! Monsieur, lui répondis-je, si nous mourons cette nuit, ce ne sera pas du moins le ventre vide et sans nous être octroyé un bon repas pour le dernier !

Mais nos estomacs languissants depuis si longtemps auraient je crois, digéré les mets les plus indigestes, du requin et du rhinocéros, et le lendemain matin étant prêts à renouveler sans crainte cette satisfaction toujours fort grande surtout pour ceux qui ont soupiré longtemps après « pouvoir manger à sa faim et boire à sa soif ! » nous arrosâmes de vins généreux une foule de plats parmi lesquels nous n'oubliâmes point à la fin, une salade qui nous parut délicieuse ainsi qu'il advient à tous les voyageurs revenant de la mer. Cette attention du capitaine jointe à la joie de fouler aux pieds le sol de la patrie, fit tomber toute mon irritation, et le lendemain, en me levant frais et dispos, tout entier à la riante perspective de voir bientôt ma famille, mes amis ma fiancée et ma future belle-mère, j'oubliai de porter plainte contre la parcimonie du capitaine Dupont et de le citer comme un candidat digne de la Présidence des sociétés de tempérance.

Comme Antée reprenant ses forces aussitôt que ses pieds touchaient la terre, j'étais transfiguré le lundi matin, tout m'apparaissait couleur de rose. Hélas! une nouvelle déception m'attendait chez le commissaire général. A ma visite, il m'annonça en effet qu'il ne pouvait pas me délivrer une feuille de route pour regagner mon port d'armement, Rochefort.

L'armée française était en ce moment-là, en effet, fort occupée au siège de Sébastopol et le commissaire général avait reçu l'ordre formel du ministre de la marine, de diriger sur Toulon tous les officiers de santé débarquant sur le littoral. Qu'on juge de ma déception, je dis plus, de mon désespoir. Depuis quatre ans et demi j'étais résident à la Réunion et à Madagascar. J'avais des examens à passer pour obtenir un nouveau grade; j'avais soif d'embrasser tous les miens, ma fiancée et même ma belle-mère et on prétendait m'envoyer à Sébastopol! Or je savais bien à l'avance que si on me dirigeait sur la mer Noire, je ne reviendrais pas de bien longtemps revoir les rives de la Gironde et les rives non moins vaseuses de la Charente!

J'exposais avec chaleur toutes ces raisons à Monsieur le Commissaire général, je fus pressant, éloquent, le pressai vivement de plaider ma cause à Toulon et désespéré comme je l'étais, j'ajoutai que, si contre le droit et la justice, on me condamnait à aller visiter les bords peu enchanteurs pour moi du Bosphore j'étais absolument décidé à regagner à mes frais, (n'avais-je pas trente-cinq francs dans ma poche)? mon port,

Rochefort malgré tous ces obstacles et que là mes chefs plaideraient eux-mêmes ma cause.

Le commissaire était bon et humain, il comprit mon désespoir et appuya de toutes ses forces ma requête et quand après avoir employé toute ma journée à festiner copieusement, je me présentai le lendemain matin au commissariat, il me tendit une dépêche de l'amiral m'autorisant à rallier mon port d'attache ; j'avais gagné mon procès et je partis immédiatement au comble de la joie.

Un mois après, en octobre, je prenais part au concours, j'étais reçu chirurgien de deuxième classe, je me mariai et j'étais nommé chirurgien-major de l'Embuscade désignée pour faire un voyage autour du monde; une belle campagne disait-on autour de moi, belle certainement si par ce mot, on désigne une campagne fort longue et accidentée, que mes lecteurs bienveillants pourront apprécier s'ils se donnent la peine d'en lire le récit, dans un prochain volume.

TABLE DES MATIÈRES

Chapitre premier. — Départ de France. Le *Picard*. Roumelot. La traversée. Arrivée à la Réunion . .   1
Chapitre II. — Melcherts.   35
Chapitre III. — Une pêche aux camarons.   88
Chapitre IV. — Une chasse à la Réunion 112
Chapitre V. — Les duels. 126
Chapitre VI. — Elise, simple histoire 163
Chapitre VII. — M'sieu Pissambert à l'hospice des fous de Saint-Paul. 188
Chapitre VIII. — Et Virginie ! 195
Chapitre IX. — Toulorge. 203
Chapitre X. — Le Vaisseau Fantôme 231

VIGOT FRÈRES, Éditeurs, 23, place de l'École-de-Médecine, PARIS

Docteur GÉLINEAU (de Blaye)

PENSEURS ET SAVANTS

LEURS MALADIES — LEUR HYGIÈNE

Préface du Docteur CABANÈS
Directeur de la *Chronique Médicale*

Un volume in-8° écu, couverture illustrée d'un portrait de Chevreul par Caruchet. . . . **4 fr.**

Après avoir décrit les maladies les plus communes aux *Penseurs* et aux *Savants*, après avoir indiqué les causes déprimantes, point de départ de toutes les maladies, l'auteur indique leur remède.

Dans des chapitres différents, il retrace dans un tableau des plus saisissants la passion de certains grands écrivains pour les substances les plus diverses. Il nous montre tous les vices et toutes les maladies engendrés par l'alcool, l'absinthe, le tabac, le café, le thé, et parmi les substances toxiques, les ravages faits par la morphine, le haschich, l'éther, la cocaïne et le chloral.

L'état de nervosité de la génération actuelle, la surproduction littéraire et scientifique imposée aux cerveaux les mieux organisés, les forcent à négliger les principes hygiéniques dont les écrivains devraient s'entourer. Ce qui fait dire au Dr Cabanès, le distingué Directeur de la *Chronique Médicale*, qui a écrit une préface des plus spirituelles pour «Penseurs et Savants»:

« Ce qui revient à dire quelle importance prend dans son œuvre cette guenille, dont nous voudrions nous alléger et qui nous rappelle si cruellement parfois que nous devons terriblement compter avec ses exigences. Cette exigence, on ne la connaîtra plus, quand on aura appris, grâce au Dr Gélineau, à combien d'infirmités, combien de maladies sont exposés les forçats de l'écriture, les martyrs du verbe dont la vie, selon l'expression du poète, est un tourment perpétuel. »

Son livre, véritable manuel d'hygiène intellectuelle, sera demain dans toutes les bibliothèques des personnes qui se livrent aux travaux de l'esprit.

Mayenne, Imp. CH. COLIN.

www.ingramcontent.com/pod-product-compliance
Lightning Source LLC
Chambersburg PA
CBHW050653170426
43200CB00008B/1279